Dedicated by
Susan & Jan Soleimani
& Family

In Loving Memory

Of Our Beloved Son,
Brother, Uncle,
and Friend

Jason Daniel Soleimani
דניאל בן אליהו

"You're in our hearts, you're in our soul. But now apart, no hand to hold. We won't forget the love you gave. We can still feel it to this day. We stand without you by our side, but know you're watching from way up high."

Dedicated by
Simone and Robert Kahen

In Memory of
Our Fathers
Two Great Men
Who Practiced Traditional Judaism
and
Were Passionate Zionists

Moussa Kahen
Dr. Moussa Brookhim

הגדה של פסח

The Sephardic Family Haggadah

Edited by
Rabbi Yamin Levy

KODESH PRESS

© Yamin Levy, 2022
978-1-947857-80-3

All rights reserved. Except for brief quotations in printed reviews, no part of this publication may be reproduced, stored in a retrieval system, or transmitted in any form or by any means (printed, written, photocopied, visual electronic, audio, or otherwise) without the prior permissions of the publisher.

Published & Distributed by

Kodesh Press L.L.C.
New York, NY
www.KodeshPress.com
kodeshpress@gmail.com

Foreword by Rabbi Yamin Levy

The Haggadah is one of the oldest[1] and most cherished of our rabbinic texts. It was originally compiled as a way to facilitate the Biblical commandment (Shemoth 13:8) of *Sippur Ye'tsiat Mitsrayim* – the obligation to teach our children of the Exodus from Egypt when Matsa and Marror are present during the Passover Holiday.

Sippur or *Le'Sapper* is a particular term and means to recount the events of the exodus as a storyteller. Not a lecturer or teacher but rather as a *storyteller*. Stories grab us, take us in, transport us and allow us to vicariously experience and inhabit another world. The storyteller shares not only to educate but also to deepen and accelerate an interpersonal connection with the listeners. Our sages knew that stories are retained much more effectively than facts, dates and data. Stories have a way of instilling core values and culture more efficiently than lectures.

Our sages insist that our story open with questions[2]. Questions are the seeds that bloom into creative study. The curiosity that inspires "questions" ensures the listener's attention and creates a stage for discussion and learning. Like all great

---

1. Heinrich Guggenheimer, *The Scholar's Haggada, Ashkenazic, Sephardic and Oriental Versions*, Jason Aronson Inc, Northvale, New Jersey, London 1995
2. Mishneh Torah *Chamets U'Matza* 7:3

THE SEPHARDIC FAMILY HAGGADAH

stories the story of the Exodus from Egypt begins in crisis[3], a people enslaved by an evil empire. And this story ends with a nation redeemed by Hashem whose absolute compassion, love and providence inspires the listeners to chant Hallel and sing praise to the Almighty.

Our story is not just told. The Haggadah mandates we re-experience the Exodus[4] and this is why we eat bitter herbs, and other foods that allow us to directly experience a shade of the suffering, hard work and tears our ancestors shed in Egypt as slaves. We set a beautiful table and drink an abundance of wine and recline not only as an expression of our freedom and God's goodness but so that we feel the divine providence graced upon us. We also pour out some of our wine and discard it when we remember the suffering our enemies endured as a reminder that we do not rejoice in the downfall of any human being[5].

The spirit behind the publication of this Haggadah is to facilitate the telling of that story for the many Sephardic head-of-households and all those who wish to share the story with others at their Seder table.

I had a number of goals in mind when preparing this Haggadah. First and foremost my objective was to make it affordable so that hosts can order many of the same text and make it available to each of their guests sitting at their Seder table. I want this Haggadah to be user friendly and so I made sure that the translation is clear and concise. I recognize that many who

---

3. Mishneh Torah *Chamets U'Matza* 7:4
4. Mishneh Torah *ChametsU'Matza* 7:6
5. *Pirke Avot* 4:24

THE SEPHARDIC FAMILY HAGGADAH

lead a Seder are not proficient in Hebrew and so I transliterated some key prayers and blessing so that all Seder leaders can recite the blessings in Hebrew. I also included some basic instructions on the flow of the rituals prior to the Seder and at the Seder night. I encourage those that use this Haggadah to learn about the unique customs and traditions of your community and of your family and use this text to turn your Pesach Seder into a memorable experience.

I hope our readers will appreciate the Andalusian (fancy for Maimonidean) traditions preserved in this Haggadah. HaRambam (Rabbi Moshe ben Maimon) meticulously recorded the Geonic / Sephardic traditions for posterity in his many works. Publishing a Sephardic Haggadah without his influence would render it false.

I tried to make the transliteration easy to read. I followed the Israeli Mediterranean pronunciation. I used apostrophes freely to help the reader accentuate the text as precisely as possible.

A word of gratitude and appreciation is in order to those whose help I could not do without. I thank my dear friend Hazan Isaac Azose whose groundbreaking *The Ladino Haggadah* was a template for this project. Alec Goldstien at Kodesh Press enthusiastically embraced this venture. His professionalism and personal attention to detail and aesthetics produced the final product.

I am grateful to my wife Afsaneh for her unbridaled support and encouragement. Her eternal optimism is a constant source of strength and inspiration. Our children, Amichai and Chana Gila, Yedidya, Hananel, Shira, Eliyahu, David and Olivia are the embodiment of life's purpose.

THE SEPHARDIC FAMILY HAGGADAH

I dedicate this Haggadah to the memory of my mother Esther bat Yamin veRahma who passed away the 8th of Sivan 5773, May 16th 2013. After celebrating Shavuoth with her children she asked to be taken home where she quietly joined her creator. This dedication feels especially appropriate because my mother loved the Holidays. The rich, flavorful, and aromatic-full memories of Moadim in my parent's home was a tribute to her selfless commitment and spiritual fiber. Her gentle kindness, her abundant love and her insightful wisdom will remain a lasting inspiration to those who knew her.

Odeh Hashem Bechol Levav. I am eternally grateful to the Ribbono Shel Olam.

Yamin Levy
Moadim LeSimcha
Passover 2015

THE SEPHARDIC FAMILY HAGGADAH

The Leader's Guide for the Pesach Seder
by Yedidya Levy

Part 1: Preparation and Mindset

You are the leader! Take a moment to understand what it means to lead a Pesach Seder. You will determine the pace, depth and mood of the experience at your table. Excitement is infectious. Your excitement is their excitement. You are about to involve your family and guests in potentially the most comprehensive storytelling experience of their entire year. Make the Pesach Seder unique, make it memorable. Whether you are leading for the first time or are a weathered pro, the Pesach Seder requires preparation. Guarantee the success of your Pesach Seder. Success isn't a gamble it's a recipe. (1) Prepare the material. (2) Be animated. (3) Stimulate the flow of participation. (4) Be repeatedly grateful to your significant other.

Even Moshe had to go through a preparation process before he could lead. The Pesach Seder lives and breathes at the intersection of tradition and great storytelling. Every Pesach Seder consists of two elements, the first is tradition which includes texts and ritual acts, and the second is narrative. You decide the element that takes precedence. Know your audience. The following questions should be your compass for synthesizing tradition and narrative: Are there more children than adults at your table? To what degree are the guests affiliated with Judaism? What will make this Pesach Seder most meaningful?

THE SEPHARDIC FAMILY HAGGADAH

It's your turn to transmit the tradition to the next generation. If you don't know your family tradition now is the time to rediscover it. Prepare the texts, tunes and rituals. Exemplify a standard of fluency and knowledge. Tradition should be relevant. Tradition should transcend age differences and religious backgrounds. The Pesach Seder led by my father, Rabbi Yamin Levy, provides an example of this. At one point in the evening he goes around the table with the plate of symbolic items and holds it atop the head of each member at the table while singing a song that implies they too left Egypt in a hurry. Every year this ritual manages to make us laugh. Each person experiences the playful discomfort of having everyone at the table sing to them while my father holds a huge plate over their head. Make your traditions memorable. Appeal to the youth by being lighthearted and funny, but at the same time make tradition something that is rich and substantive.

Ironically being a great storyteller isn't about telling stories; it's about showing them. If you immerse yourself in the story, the guests will follow. Pick a favorite character, theme or message and tie the evening around it. Use tools like comedy, current events and family history to engage every member of the table in your unique retelling of the Pesach narrative. Think outside the box and surprise your guests on the night of the Pesach Seder. For examples of creative tradition and storytelling, see the end of this Leader's Guide.

The more you prepare the more confident you will be. You don't have to prepare alone. Let your oldest child join you in the preparation process. Turn your preparation of the Pesach Seder into a bonding experience. Encourage your child to prepare texts and insights on the narrative. Including your child will not only give your child an opportunity to lead and learn, but will also plant the seeds of anticipation and excitement as the Seder approaches.

Part 2: The Meal Begins

The Pesach Seder begins. You know your family traditions and you've reviewed your version of the narrative. The table is filled with guests. Take a deep breath and remember that you are with friends and family. Enjoy how wonderful it is to be surrounded by people you love and appreciate. Begin the night with a thank you. Thank individuals by name for making the evening possible. Great leadership is about redistributing attention to the people who deserve it most. It is about having a table full of guests and being able to say thank you to the individuals that made this opportunity a reality. After saying thank you, introduce the evening by reviewing with the guests the order of the Pesach Seder. Give a concise blow-by-blow of how the night will proceed and the expected length.

Leaders must be flexible. The Pesach Seder conversation will not go as planned, and during the evening wine will definitely spill all over the tablecloth. A leader must know how to loosen his grip on the reins but never let go. Keep the evening moving and always maintain a positive energy. No tablecloth is worth the ruin of the Pesach Seder family gathering. Your positive energy must be a constant. The individuals at the table drink your energy, it saturates them. It continually pours out of you. You are the burning bush, alight but never consumed.

Leaders empower their followers. Allocate the reading of texts to the members of the table. For those who can't read

THE SEPHARDIC FAMILY HAGGADAH

Hebrew, let them read English. Ask your guests if they have anything to say on the topics that are uncovered for discussion. Be prepared to be unprepared. Don't only ask questions you have the answers to. Stimulate and encourage the questions of the children and adults. The Pesach Seder is a time for asking questions. Let the questions flow stronger than the answers.

Once the Pesach Seder begins, the leader should be firmly conscious of involving everyone at the table. Being a leader is about bringing out the greatness in the people around you. Let everyone at the table feel heard, appreciated and special. If every member of the table manages to leave the Pesach Seder feeling they had contributed to the ceremony then the leader knows he's done a good job.

Throughout the Pesach Seder find opportunities to be grateful. Being grateful is central to the holiday of Pesach, and fundamental to leadership. When people feel appreciated, people feel good, and if the members of the Pesach Seder walk away feeling good at the end of the night you know you've provided them with an experience they will never forget.

Top Ten Traditions and Storytelling Techniques

1. **Afikoman:** This is the broken piece of *matza* meant to be eaten for dessert. Take this piece and hide it. Tell the children that if they manage to find the *afikoman* they can ransom it back to you for any present they want. The scavenger hunt ensues! The children divide and conquer! Who will end the night with this precious piece of *matza*?
2. **Ma Nishtana:** The youngest children practice singing the poem "*ma nishtana*" before the Pesach Seder and sing it all

together for a highlight performance on the eve of the Seder.

3. **Scallion whipping:** Buy scallions and show through gentle demonstration what it means to be whipped.
4. **Costume:** Have different members of your table secretly dress up as historical figures and come out with gifts or some wise words from the past.
5. **Uprooting the Seder plate:** Hover the plate over each guest and sing while gently tapping their head. This will definitely get a few laughs and questions.
6. **Matza design:** Ask the children who can make the most creative design with one square of *matza*.
7. **Eliyahu Hanavi:** Prearrange with your neighbor to be waiting at the door when the time comes to open it for Eliyahu Hanavi.
8. **Toys:** Have little toys to symbolize the plagues and reveal them as story progresses.
9. **Song:** Teach the members of your table funny tunes for singing the classic songs at the end of the *Haggadah*.
10. **Current Events:** Bring articles related to current events on the topics of freedom, slavery, and oppression. The Pesach Seder is a careful balance between happiness and painful memory. Experience the slavery and the exodus so that we never allow ourselves to become perpetrators of oppression.
11. **Passion:** There is no tradition or story telling technique as powerful as passion. Be passionate and watch it spread!

THE SEPHARDIC FAMILY HAGGADAH

בְּדִיקַת חָמֵץ

בָּרוּךְ אַתָּה יְיָ, אֱלֹהֵינוּ מֶלֶךְ הָעוֹלָם, אֲשֶׁר קִדְּשָׁנוּ בְּמִצְוֹתָיו, וְצִוָּנוּ עַל־בִּעוּר חָמֵץ.

The Search for Chamets — בְּדִיקַת חָמֵץ

The Prohibition of chamets during Pesach is absolute and applies even to the minutest amounts. It is therefore customary in Jewish households to clean thoroughly before Pesach. No matter how thorough the cleaning might have been on the night of the fourteenth of Nissan (the evening before Erev Pesach) the house has to be searched by candlelight (or flashlight). While there is no biblical command to search this way this custom is recorded in the Talmud (Tosephta Pesachim 1:1, TB Pesach 1:1, 7b, 8a) and is based on the Biblical obligation to remove all chamets.

The Blessing is recited immediately prior to the searching of chamets. No speaking is permitted, once the Berakha (blessing) is recited.

Some households have the custom to place 10 pieces of chamets wrapped in paper around the house so that the blessing recited not be in vain.

Blessing for Bedikat Chamets

Barukh ata Adonai, Elohenu melekh ha'olam, asher kideshanu be'mitsvotav, ve'tsivanu al bi'ur chamets.

Blessed are You, Adonai, our God, King of the Universe, Who sanctified us with His commandments and commanded us concerning the removal of Chamets.

בִּטּוּל חָמֵץ

כָּל חֲמִירָא דְּאִכָּא בִרְשׁוּתִי דְּלָא חֲזִיתֵהּ וּדְלָא בִעַרְתֵּהּ לֶהֱוֵי בָּטֵל וְחָשִׁיב כְּעַפְרָא דְאַרְעָא.

בִּעוּר חָמֵץ

כָּל חֲמִירָא דְּאִכָּא בִרְשׁוּתִי דִּי חֲזִתֵהּ
וּדְלָא חֲזִתֵהּ, דְּבִעַרְתֵּהּ וּדְלָא בִעַרְתֵּהּ,
לֶהֱוֵי בָּטֵל וְחָשִׁיב כְּעַפְרָא דְאַרְעָא.

Bitul Chamets

Following the search for Chamets, all Chamets that was found should be set aside to be burned the next morning.

The following nullification of the Chamets (Bitul) is recited. It should then be said in the language that the person understands best.

Kal Chamira de'ika bi'rshuti, delah chaziteh u'delah bi'arteh, le'heveh batel ke'afra de'arah.

All Chamets in my possession, that I have neither seen nor removed, is hereby nullified and considered like the dust of the earth.

The Nullification of the Chamets — בִּעוּר חָמֵץ

The morning of the eve of Pesach, the Chamets that was gathered from the search, (and any other that may have been left) must be totally destroyed per the biblical command "..on the first day you must eliminate all Chamets from your houses" (Shemoth 12:15). The prevalent custom is to burn the Chamets. After the burning, the following nullification is recited. Again, as before, after it is recited in the Aramaic it should be said in the language that the person understands best.

Kal Chamira de'ika bi'rshuti, de'chaziteh u'delah chaziteh, de'viarteh u'delah vi'arteh, le'heveh batel ke'afra de'arah.

All Chamets in my possession, whether I have seen it or not, whether I have removed it or not, is hereby nullified and considered like the dust of the earth.

עֵרוּב תַּבְשִׁילִין

בָּרוּךְ אַתָּה יְיָ, אֱלֹהֵינוּ מֶלֶךְ הָעוֹלָם, אֲשֶׁר קִדְּשָׁנוּ בְּמִצְוֹתָיו, וְצִוָּנוּ עַל־מִצְוַת עֵרוּב.

בְּדֵין עֵרוּבָא יְהֵא שָׁרֵא לָנָא לַאֲפוּיֵי, וּלְבַשּׁוּלֵי, וּלְאַטְמוּנֵי, וּלְאַדְלוּקֵי שְׁרָגָא, וּלְמֶעֱבַד כָּל צָרְכָנָא, מִיּוֹם טוֹב לְשַׁבָּת [לָנוּ וּלְכָל־יִשְׂרָאֵל הַדָּרִים בָּעִיר הַזֹּאת].

Eruv Tavshilin — עֵרוּב תַּבְשִׁילִין

When Yom Tov is immediately followed by Shabbath some matzah and cooked food, (usually a hard-boiled egg) are set-aside on Erev Yom Tov, to be eaten on Shabbat. The Berakha below should be read in Hebrew, but the declaration afterwards should be said in the language that the person understands best.

Barukh ata Adonai, Elohenu melekh ha'olam, asher kideshanu be'mitsvotav, vetsivanu al mitsvat eruv.

Blessed are You, Adonai, our God, King of the Universe, Who sanctified us with His commandments and commanded us concerning the Mitsva of Eruv.

Eruv Declaration

With this 'Eruv', it will permit us to bake, cook, keep food warm, light candles and make all necessary Shabbat preparations on Yom Tov [for us and all Jews who live in this city].

Seder Preparations

There are various symbols at the Pesach Seder designed to elicit questions from participants and to create an assortment of experiences that range from bitterness to elation, joy and gratitude to Hashem. The Seder plate is arranged for precisely that purpose. Its components include green leaves representing the spring season, Marror the biterness of slavery, Haroset the mortar used to make bricks in Egypt the shank bone and hard boiled eggs represent the Temple service and Pascal sacrifice and of course the three[1] Matsot necessary for the meal.

---

1. Maimonides *Chamets U'Matsa* 8:6 requires only two Matsot. Interesting that in this regard even the Yemenite do not follow Maimonides.

THE SEPHARDIC FAMILY HAGGADAH

קְעָרַת הַסֵּדֶר

The Seder

The word Seder means "order," referring to the structured order of the events about to take place. There are 15 parts to the order of the evening. Each part has its designated readings and customs.

קַדֵּשׁ וּרְחַץ

כַּרְפַּס יַחַץ

מַגִּיד רָחְצָה

מוֹצִיא מַצָּה

מָרוֹר כּוֹרֵךְ

שֻׁלְחָן עוֹרֵךְ

צָפוּן בָּרֵךְ

הַלֵּל נִרְצָה

The Seder Plate (Hereon the *Ke'ara*)

The seven items on the Seder Plate include:

1. Matsah, 2. Karpas (celery), 3. Maror (romaine lettuce), 4. Hazeret (iceberg lettuce), 5. Zero'ah (shank bone roasted), 6. Beza (hard boiled egg), 7. Haroset.

Each of the items on the Seder Plate symbolizes another aspect of the evening's experience. The Plate is placed on the Seder table the first two nights of Pesach.

The Seder

KADESH Recite Kiddush	**URCHATS** Washing of Hands
KARPAS Green Leaf	**YACHATS** Eating the Celery
MAGID Reciting the Haggadah	**ROCHTSA** Washing of Hands
MOTSI / Blessings of Hamotsi and	**MATSA** Blessing of Matsa
MAROR Eating Romaine lettuce	**KORECH** Eating Matsa and Marror together

SHULCHAN ORECH
Partaking of the festive meal

TSAFUN Eating the Afikomin	**BARECH** Grace After the Meal
HALLEL Singing the Hallel	**NIRTSA** May our service be accepted

קַדֵּשׁ

Two Blessings or Four Blessings?

Ravina the sage and the last editor of the Talmud taught that each of the four cups of wine represent a separate obligation. Alfassi, the early medieval Sephardic Talmudic commentary rules that being that each cup is a separate obligation each one requires an independent blessing. The Geonim (Sherira Gaon) ruled this way as did Maimonides (*Hilkhot Chamets U'Matsa* 8:5,10). Rabbenu Asher (Rosh, *Pesachim* 109b) the medieval rabbinic authority of European Jewry ruled that only two blessing are recited on the wine, on the first cup and on the third cup. Ironically Sephardic Jews follow the Ashkenaz authorities while Ashkenaz tradition has followed the Sephardic codifiers. In this Haggada I preserve the Maimonidean tradition as does the Yemenite Community.

(לשבת)

יוֹם הַשִּׁשִּׁי, וַיְכֻלּוּ הַשָּׁמַיִם וְהָאָרֶץ וְכָל־צְבָאָם: וַיְכַל אֱלֹהִים בַּיּוֹם הַשְּׁבִיעִי, מְלַאכְתּוֹ אֲשֶׁר עָשָׂה, וַיִּשְׁבֹּת בַּיּוֹם הַשְּׁבִיעִי, מִכָּל־מְלַאכְתּוֹ אֲשֶׁר עָשָׂה: וַיְבָרֶךְ אֱלֹהִים אֶת־יוֹם הַשְּׁבִיעִי, וַיְקַדֵּשׁ אֹתוֹ, כִּי בוֹ שָׁבַת מִכָּל מְלַאכְתּוֹ, אֲשֶׁר־בָּרָא אֱלֹהִים לַעֲשׂוֹת:

Kiddush

The custom to drink four cups of wine amplifies the idea that the night of Passover is about freedom. While numerous reasons have been expressed none is as hopeful as the one expressed in the Jerusalem Talmud (*Pesachim* 10:1) which states that the four cups of wine correspond to the four expressions of deliverance mentioned in the Torah.

The Obligation of Women

Rabbi Yehoshua ben Levi said (Talmud Pesachim 108a) women are obligated to drink the four cups of wine because they too were saved by the same miracles.

KADESH — קַדֵּשׁ

Every participant fills their first glass of wine and the head of the household recites Kiddush. After Kiddush, the wine is drunk while reclining to the left

On Shabbat, Kiddush begins here:

יוֹם *Yom hashishi vayichulu ha-shamayim ve'ha-arets vechol tseva-am; vayichal Elohim bayom ha'shevi-i melakhto asher asa, vayishbot, bayom ha'shevi-i mikol melakhto asher asa; vayivarekh Elohim et yom ha'shevi-i va'yikadesh oto ki vo shavat mikol melakhto asher bara Elohim la'asot.*

(כשחל יו"ט בחול, מתחילים מכאן)

אֵלֶּה מוֹעֲדֵי יְיָ מִקְרָאֵי קֹדֶשׁ אֲשֶׁר תִּקְרְאוּ אֹתָם בְּמוֹעֲדָם

סַבְרִי מָרָנָן: (עונים לְחַיִּים)

בָּרוּךְ אַתָּה יְיָ, אֱלֹהֵינוּ מֶלֶךְ הָעוֹלָם בּוֹרֵא פְּרִי הַגֶּפֶן:

בָּרוּךְ אַתָּה יְיָ, אֱלֹהֵינוּ מֶלֶךְ הָעוֹלָם, אֲשֶׁר בָּחַר בָּנוּ מִכָּל־עָם, וְרוֹמְמָנוּ מִכָּל־לָשׁוֹן, וְקִדְּשָׁנוּ בְּמִצְוֹתָיו, וַתִּתֶּן־לָנוּ יְיָ אֱלֹהֵינוּ בְּאַהֲבָה (לשבת שַׁבָּתוֹת לִמְנוּחָה וּ) מוֹעֲדִים לְשִׂמְחָה, חַגִּים וּזְמַנִּים לְשָׂשׂוֹן אֶת־יוֹם (לשבת הַשַּׁבָּת הַזֶּה וְאֶת־יוֹם) חַג הַמַּצּוֹת הַזֶּה, אֶת־יוֹם טוֹב מִקְרָא־קֹדֶשׁ הַזֶּה. זְמַן חֵרוּתֵנוּ, בְּאַהֲבָה מִקְרָא־קֹדֶשׁ, זֵכֶר לִיצִיאַת מִצְרָיִם. כִּי בָנוּ בָחַרְתָּ וְאוֹתָנוּ קִדַּשְׁתָּ מִכָּל־הָעַמִּים. (לשבת וְשַׁבָּתוֹת וּ) מוֹעֲדֵי קָדְשְׁךָ (לשבת בְּאַהֲבָה וּבְרָצוֹן) בְּשִׂמְחָה וּבְשָׂשׂוֹן הִנְחַלְתָּנוּ: בָּרוּךְ אַתָּה יְיָ, מְקַדֵּשׁ (לשבת הַשַּׁבָּת וְ) יִשְׂרָאֵל וְהַזְּמַנִּים:

THE SEPHARDIC FAMILY HAGGADAH

(On weekdays begin the Kiddush here:)

*Eleh mo'adei Adonai mikra'eh kodesh,
asher tikre'u otam bemo'adam*

סַבְרִי *Savri Maranan.*
(Those present answer, L'Chayyim.)

*Barukh ata Adonai Elohenu melekh
ha'olam boreh peri ha'gefen.*

בָּרוּךְ Barukh ata Adonai, Elohenu melekh ha'olam, asher bachar banu mikol am ve'romemanu mikol lashon vekideshanu bemitsvotav. Vatiten lanu Adonai Elohenu be'ahava. (on Shabbat add: Shabatot limnucha u') moadim lesimcha chagim uzmanim le'sason et yom (on Shabbat add: HaShabbat hazeh ve'et yom) chag hamatsot hazeh et yom tov mikra kodesh hazeh zeman cherutenu be'ahava mikra kodesh ze'cher litsi'at mitsrayim, ki vanu vacharta ve-otanu kidashta mikol ha-amin (on Shabbat add: shabbatot u') mo'adeh kod-shecha (on Shabbat add: be-ahava uvratzon) besimcha uv'sasson hinchaltanu. Barukh ata Adonai mekadesh (on Shabbat add: haShabbat ve) Yisrael ve-hazemanim.

(כשחל יו"ט במוצאי שבת מוסיפים כאן ברכות הבדלה קודם שהחיינו)

בָּרוּךְ אַתָּה יְיָ, אֱלֹהֵינוּ מֶלֶךְ הָעוֹלָם, בּוֹרֵא מְאוֹרֵי הָאֵשׁ:

בָּרוּךְ אַתָּה יְיָ, אֱלֹהֵינוּ מֶלֶךְ הָעוֹלָם, הַמַּבְדִּיל בֵּין קֹדֶשׁ לְחֹל וּבֵין אוֹר לְחֹשֶׁךְ, וּבֵין יִשְׂרָאֵל לָעַמִּים, וּבֵין יוֹם הַשְּׁבִיעִי לְשֵׁשֶׁת יְמֵי־הַמַּעֲשֶׂה. בֵּין קְדֻשַּׁת שַׁבָּת לִקְדֻשַּׁת יוֹם־טוֹב הִבְדַּלְתָּ. וְאֶת־יוֹם הַשְּׁבִיעִי מִשֵּׁשֶׁת יְמֵי הַמַּעֲשֶׂה הִקְדַּשְׁתָּ. וְהִבְדַּלְתָּ וְהִקְדַּשְׁתָּ אֶת־עַמְּךָ יִשְׂרָאֵל בִּקְדֻשָּׁתָךְ. בָּרוּךְ אַתָּה יְיָ, הַמַּבְדִּיל בֵּין קֹדֶשׁ לְקֹדֶשׁ:

בָּרוּךְ אַתָּה יְיָ, אֱלֹהֵינוּ מֶלֶךְ הָעוֹלָם, שֶׁהֶחֱיָנוּ וְקִיְּמָנוּ וְהִגִּיעָנוּ לַזְּמַן הַזֶּה:

וּרְחַץ

קודם אכילת הכרפס מביאים מים ונוטלים ידים בלי ברכה

כַּרְפַּס

מטבילים כרפס בחומץ או במי־מלח ומברכים

בָּרוּךְ אַתָּה יְיָ, אֱלֹהֵינוּ מֶלֶךְ הָעוֹלָם, בּוֹרֵא פְּרִי הָאֲדָמָה:

THE SEPHARDIC FAMILY HAGGADAH

> **On Saturday night the following Havdalah is recited:**
>
> בָּרוּךְ *Barukh ata Adonai, Elohenu melekh ha'olam, boreh me'ore ha'esh.*
>
> בָּרוּךְ *Barukh ata Adonai, Elohenu melekh ha'olam, ha'mavdil ben kodesh lechol uven or le'choshekh, uven Yisrael la'amim, uven yom ha'shevi-i lesheshet yeme ha'ma-aseh. Ben kedushat Shabbat likdushat yom tov hiv-dalta, ve'et yom ha'shevi-i mi'sheshet yeme ha'ma-aseh hik-dashta. Ve'hivdalta v'hikdashta et amecha Yisrael bi'kdushatakh. Barukh ata Adonai, ha'mavdil ben kodesh le'kodesh.*

On both nights of Pesach say

בָּרוּךְ *Barukh ata Adonai, Elohenu melekh ha'olam, she-hehecheyanu ve'kiyemanu ve'higianu la'zeman hazeh.*

URHATZ — וּרְחַץ

Wash hands and do not say the blessing.

KARPAS — כַּרְפַּס

Take the celery and dip it in vinegar or salt water and say:

בָּרוּךְ *Barukh ata Adonai, Elohenu Melekh ha'olam, boreh peri ha-adama.*

יַחַץ

עורך הסדר פורס את המצה האמצעית שבקערה לשני חלקים

מַגִּיד

Fill the second glass of wine and and begin the recitation of the Haggadah.

בִּבְהִילוּ יָצָאנוּ מִמִּצְרָיִם

הָא לַחְמָא עַנְיָא דִּי־אֲכָלוּ אַבְהָתָנָא בְּאַרְעָא דְמִצְרָיִם. כָּל דִּכְפִין יֵיתֵי וְיֵכוֹל, כָּל דִּצְרִיךְ יֵיתֵי וְיִפְסַח. הָשַׁתָּא הָכָא, לְשָׁנָה הַבָּאָה בְּאַרְעָא דְיִשְׂרָאֵל. הָשַׁתָּא הָכָא עַבְדֵי, לְשָׁנָה הַבָּאָה בְּאַרְעָא דְיִשְׂרָאֵל בְּנֵי חוֹרִין:

YAHATZ — יַחַץ

Take the three matsot on the Seder Plate. Break the middle one in half. Set aside the larger half between the two whole matsot and the other half place in a safe place for the Afikomin.

MAGID — מַגִּיד

Fill the second glass of wine and and begin the recitation of the Haggadah.

Bibhilu Yatsanu Mimitsrayim

In haste we left Egypt

HA LACHMA ANYA — הָא לַחְמָא עַנְיָא

הָא Ha Lachma Anya di achalu avatana be'ar'a demitsrayim, kal dikhfin yeteh veyechol, kal ditsrikh yeteh veyifsakh, hashata acha leshana haba'a be'ar-a deyisrael, hashata acha avdeh, leshana haba'a be'ar-a deyisrael beneh chorin.

This is the bread of affliction which our ancestors ate in Egypt. Let all who are hungry come and eat of it; all in need come and celebrate Passover. This year we observe it here; next year may we be in the Land of Israel. This year we are slaves in exile; next year may we be free in the Land of Israel rebuilt.

מרחיקים את הקערה מן השלחן

מַה נִּשְׁתַּנָּה הַלַּיְלָה הַזֶּה מִכָּל־הַלֵּילוֹת?

שֶׁבְּכָל־הַלֵּילוֹת אֵין אָנוּ מְטַבְּילִין אֲפִילוּ
פַּעַם אַחַת, וְהַלַּיְלָה הַזֶּה שְׁתֵּי פְעָמִים:

שֶׁבְּכָל־הַלֵּילוֹת אָנוּ אוֹכְלִין חָמֵץ אוֹ
מַצָּה, וְהַלַּיְלָה הַזֶּה כֻּלּוֹ מַצָּה:

שֶׁבְּכָל־הַלֵּילוֹת אָנוּ אוֹכְלִין שְׁאָר יְרָקוֹת,
וְהַלַּיְלָה הַזֶּה מָרוֹר:

שֶׁבְּכָל־הַלֵּילוֹת אָנוּ אוֹכְלִין וְשׁוֹתִין בֵּין
יוֹשְׁבִין וּבֵין מְסֻבִּין, וְהַלַּיְלָה הַזֶּה כֻּלָּנוּ
מְסֻבִּין:

מחזירים את הקערה אל השלחן

THE SEPHARDIC FAMILY HAGGADAH

The Keara is lifted from the table and the following is read:

MA NISHTANA — מַה נִּשְׁתַּנָּה

THE FOUR QUESTIONS

מַה נִּשְׁתַּנָּה *Ma Nishtana Halayla Hazeh Mikol Halelot,*

1. shebechol halelot en anu metabilin afilu pa'am achat, ve'halayla hazeh shete pe'amim.

2. Shebechol halelot anu ochlin chamets o matsa, ve-halayla hazeh kulo matsa.

3. Shebechol halelot anu ochlin she-ar yerakot, ve-halayla hazeh maror.

4. Shebechol halelot anu ochlin ve'shotin ben yoshvin uven mesubin, ve'halayla hazeh kulanu mesubin.

Why is this night different from all other nights?

1. On all other nights we do not dip our vegetables even once; on this night we do so twice.

2. On all other nights we may eat either bread or matsah; on this night only matsah.

3. On all other nights we eat vegetables of any kind; on this night we choose a bitter type.

4. On all other nights we eat and drink either sitting upright or reclining; on this night we all recline.

The 'Ke'ara' is returned to the table and the following is read:

עבדים היינו

עֲבָדִים הָיִינוּ לְפַרְעֹה בְּמִצְרָיִם. וַיּוֹצִיאֵנוּ יְיָ אֱלֹהֵינוּ מִשָּׁם, בְּיָד חֲזָקָה וּבִזְרוֹעַ נְטוּיָה, וְאִלּוּ לֹא הוֹצִיא הַקָּדוֹשׁ בָּרוּךְ הוּא אֶת־אֲבוֹתֵינוּ מִמִּצְרָיִם, עֲדַיִין אָנוּ וּבָנֵינוּ וּבְנֵי בָנֵינוּ, מְשֻׁעְבָּדִים הָיִינוּ לְפַרְעֹה בְּמִצְרָיִם. וַאֲפִילוּ כֻּלָּנוּ חֲכָמִים, כֻּלָּנוּ נְבוֹנִים, כֻּלָּנוּ יוֹדְעִים אֶת־הַתּוֹרָה, מִצְוָה עָלֵינוּ לְסַפֵּר בִּיצִיאַת מִצְרָיִם. וְכָל־הַמַּרְבֶּה לְסַפֵּר בִּיצִיאַת מִצְרָיִם, הֲרֵי זֶה מְשֻׁבָּח:

מעשה ברבי אליעזר

מַעֲשֶׂה בְּרַבִּי אֱלִיעֶזֶר, וְרַבִּי יְהוֹשֻׁעַ, וְרַבִּי אֶלְעָזָר בֶּן־עֲזַרְיָה, וְרַבִּי עֲקִיבָא, וְרַבִּי טַרְפוֹן, שֶׁהָיוּ מְסֻבִּין בִּבְנֵי־בְרַק, וְהָיוּ מְסַפְּרִים בִּיצִיאַת מִצְרַיִם, כָּל־אוֹתוֹ הַלַּיְלָה, עַד־שֶׁבָּאוּ תַלְמִידֵיהֶם וְאָמְרוּ לָהֶם: רַבּוֹתֵינוּ, הִגִּיעַ זְמַן קְרִיאַת שְׁמַע שֶׁל שַׁחֲרִית:

THE SEPHARDIC FAMILY HAGGADAH

AVADIM AYINU — עֲבָדִים הָיִינוּ

עֲבָדִים Avadim hayinu le'Faro be'Mitsrayim, va'yotsi-enu Adonai Elohenu misham, beyad chazaka u'vizro-a netuya, ve'ilu lo hotzi ha'Kadosh Barukh Hu et avotenu mimitsrayim, adayin anu u'vanenu u'vneh vanenu, meshubadim ha'yinu le'Faro be'Mitsrayim, va'afilu kulanu chahamim, kulanu nevonim, kulanu yode-im et ha'Torah, mitsva alenu lesaper bi'tsiat Mitsrayim, vechol hamarbeh lesaper bi'tsiat Mitsrayim, hareh zeh meshubakh.

It is because we were slaves to Pharaoh in Egypt and the Lord our God brought us out from there with a strong hand and an outstretched arm; and if the Holy One, blessed be He, had not brought out our fathers from Egypt, we, our children and our children's children would still be enslaved to Pharaoh in Egypt. Therefore even if we were all wise, understanding and well versed in the Torah we would still be obliged to tell the story of the exodus from Egypt; and the more one discusses it, the more worthy of praise is he.

MA'ASEH BERIBBI ELIEZER — בְּרִבִּי אֱלִיעֶזֶר מַעֲשֶׂה

It once happened that Rabbi Eliezer, Rabbi Joshua, Rabbi Elazar son of Azaria, Rabbi Akiva and Rabbi Tarfon were celebrating the Seder in Bene Berak and discussed the exodus from Egypt that entire night, until their students came and said: "Our teachers, it is time to say the morning Shema."

אמר רבי אלעזר

אָמַר [לָהֶם] רִבִּי אֶלְעָזָר בֶּן־עֲזַרְיָה. הֲרֵי אֲנִי כְּבֶן־שִׁבְעִים שָׁנָה, וְלֹא זָכִיתִי, שֶׁתֵּאָמֵר יְצִיאַת מִצְרַיִם בַּלֵּילוֹת. עַד־שֶׁדְּרָשָׁהּ בֶּן־זוֹמָא. שֶׁנֶּאֱמַר: לְמַעַן תִּזְכֹּר, אֶת יוֹם צֵאתְךָ מֵאֶרֶץ מִצְרַיִם, כֹּל יְמֵי חַיֶּיךָ (דברים טז:ג). יְמֵי חַיֶּיךָ הַיָּמִים. כֹּל יְמֵי חַיֶּיךָ הַלֵּילוֹת. וַחֲכָמִים אוֹמְרִים: יְמֵי חַיֶּיךָ הָעוֹלָם הַזֶּה. כֹּל יְמֵי חַיֶּיךָ לְהָבִיא לִימוֹת הַמָּשִׁיחַ:

בָּרוּךְ הַמָּקוֹם. בָּרוּךְ הוּא. בָּרוּךְ שֶׁנָּתַן תּוֹרָה לְעַמּוֹ יִשְׂרָאֵל בָּרוּךְ הוּא. כְּנֶגֶד אַרְבָּעָה בָנִים דִּבְּרָה תוֹרָה. אֶחָד חָכָם, וְאֶחָד רָשָׁע, וְאֶחָד תָּם, וְאֶחָד שֶׁאֵינוֹ יוֹדֵעַ לִשְׁאוֹל:

ארבעה בנים

חָכָם מַה־הוּא אוֹמֵר? מָה הָעֵדֹת וְהַחֻקִּים וְהַמִּשְׁפָּטִים, אֲשֶׁר צִוָּה יְיָ אֱלֹהֵינוּ אֶתְכֶם? (דברים ו:כ) אַף אַתָּה אֱמוֹר לוֹ כְּהִלְכוֹת הַפֶּסַח: אֵין מַפְטִירִין אַחַר הַפֶּסַח אֲפִיקוֹמָן:

THE SEPHARDIC FAMILY HAGGADAH

AMAR RIBBI ELAZAR — אָמַר רִבִּי אֶלְעָזָר

Ribbi Elazar, son of Azaria said [to them²]: "I am like a man of seventy year old man and I did not merit to have the exodus from Egypt recited at until Ben Zoma explained it. It is stated in the Torah: 'In order that you remember the day you left Egypt, all the days of your life.' (Devarim 16:3) 'The days of your life' would have included only daylight hours; 'All the days' comes to include the nights. But the rabbis taught that 'The days of your life' would itself have embraced the world in the present state; 'All the days of your life' comes to include the days of the Messiah.

BARUKH HAMAKOM — בָּרוּךְ הַמָּקוֹם

Blessed be the Ever-Present, blessed be He. Blessed be He who has given the Torah to His people Israel, blessed be He.

THE FOUR SONS — אַרְבָּעָה בָנִים

The Torah alludes to four different types of children: the wise, the wicked, the simple and the one who does not know how to ask.

CHAKHAM MA HU OMER — חָכָם מַה־הוּא אוֹמֵר

What does the wise child say? "What are the testimonies, statutes and laws which the Lord our God has commanded you?" (*Devarim* 6:20). You shall then instruct him in all the laws of Pesach, down to the rule that we may not eat anything after the Passover lamb.

---

2. By adding one word Maimonides connects this paragraph with the passage immediately prior.

35

רָשָׁע מַה־הוּא אוֹמֵר? מָה הָעֲבֹדָה הַזֹּאת לָכֶם? (שמות יב:כו) לָכֶם וְלֹא לוֹ. וּלְפִי שֶׁהוֹצִיא אֶת־עַצְמוֹ מִן הַכְּלָל, כָּפַר בָּעִקָּר. וְאַף אַתָּה הַקְהֵה אֶת־שִׁנָּיו, וֶאֱמוֹר לוֹ: בַּעֲבוּר זֶה, עָשָׂה יְיָ לִי, בְּצֵאתִי מִמִּצְרָיִם, (שמות יג:ח) לִי וְלֹא־לוֹ. וְאִלּוּ הָיָה שָׁם, לֹא הָיָה נִגְאָל:

תָּם מַה־הוּא אוֹמֵר? מַה־זֹּאת? וְאָמַרְתָּ אֵלָיו: בְּחֹזֶק יָד הוֹצִיאָנוּ יְיָ מִמִּצְרָיִם מִבֵּית עֲבָדִים: (שמות יג:יד)

וְשֶׁאֵינוֹ יוֹדֵעַ לִשְׁאוֹל, אַתְּ פְּתַח לוֹ. שֶׁנֶּאֱמַר: וְהִגַּדְתָּ לְבִנְךָ, בַּיּוֹם הַהוּא לֵאמֹר: בַּעֲבוּר זֶה עָשָׂה יְיָ לִי, בְּצֵאתִי מִמִּצְרָיִם: (שמות יג:ח)

יָכוֹל מֵרֹאשׁ חֹדֶשׁ, תַּלְמוּד לוֹמַר בַּיּוֹם הַהוּא. אִי בַּיּוֹם הַהוּא. יָכוֹל מִבְּעוֹד יוֹם. תַּלְמוּד לוֹמַר. בַּעֲבוּר זֶה. בַּעֲבוּר זֶה לֹא אָמַרְתִּי, אֶלָּא בְּשָׁעָה שֶׁמַּצָּה וּמָרוֹר מֻנָּחִים לְפָנֶיךָ:

RASHA MA HU OMER — רָשָׁע מַה־הוּא אוֹמֵר

What does the wicked child say? "What does this service mean to you?" (Shemoth 12:26) To you, he says, but not to him. By excluding himself from the exodus he has denied the foundation of our faith, so you should blunt his teeth by replying in the same vein: "It is for this that the Lord did for me when I went out of Egypt." (Shemoth 13:8) For me, you say, but not for him; for had he been there, he would not have been saved.

TAM MA HU OMER — מַה־הוּא אוֹמֵר תָּם

What does the simple child say? "What does this mean?" To which you should reply, "The Lord brought us out of Egypt with a mighty hand." (Shemoth 13:14)

VE'SHE-ENO YODE'A LISH'OL — וְשֶׁאֵינוֹ יוֹדֵעַ לִשְׁאוֹל

As for the child who does not know how to ask, you should raise the subject as it is written: "And you shall tell your son on that day saying: 'It is for this that the Lord did for me when I went out of Egypt." (Shemoth 13:8)

YAHOL ME'ROSH CHODESH — יָכוֹל מֵרֹאשׁ חֹדֶשׁ

One might assume this obligation to discuss the exodus to begin from the first day of the month of Nisan, therefore the Torah says "on that day." Lest one assume the obligation to begin while it is still day, the Torah adds that the father should say "it is for this," an expression which can only be used when 'this' - matza and maror - are actually before you.

מִתְּחִלָּה עוֹבְדֵי עֲבוֹדָה זָרָה הָיוּ אֲבוֹתֵינוּ. וְעַכְשָׁו קֵרְבָנוּ הַמָּקוֹם לַעֲבוֹדָתוֹ. שֶׁנֶּאֱמַר: וַיֹּאמֶר יְהוֹשֻׁעַ אֶל־כָּל־הָעָם. כֹּה־אָמַר יְיָ אֱלֹהֵי יִשְׂרָאֵל, בְּעֵבֶר הַנָּהָר יָשְׁבוּ אֲבוֹתֵיכֶם מֵעוֹלָם, תֶּרַח אֲבִי אַבְרָהָם וַאֲבִי נָחוֹר. וַיַּעַבְדוּ אֱלֹהִים אֲחֵרִים: (יהושע כד:ב-ד)

וָאֶקַּח אֶת־אֲבִיכֶם אֶת־אַבְרָהָם מֵעֵבֶר הַנָּהָר, וָאוֹלֵךְ אוֹתוֹ בְּכָל־אֶרֶץ כְּנָעַן. וָאַרְבֶּה אֶת־זַרְעוֹ, וָאֶתֶּן־לוֹ אֶת־יִצְחָק: וָאֶתֵּן לְיִצְחָק אֶת־יַעֲקֹב וְאֶת־עֵשָׂו. וָאֶתֵּן לְעֵשָׂו אֶת־הַר שֵׂעִיר, לָרֶשֶׁת אוֹתוֹ. וְיַעֲקֹב וּבָנָיו יָרְדוּ מִצְרָיִם:

בָּרוּךְ שׁוֹמֵר הַבְטָחָתוֹ לְיִשְׂרָאֵל. בָּרוּךְ הוּא. שֶׁהַקָּדוֹשׁ בָּרוּךְ הוּא חִשֵּׁב אֶת־הַקֵּץ, לַעֲשׂוֹת כְּמוֹ שֶׁאָמַר לְאַבְרָהָם אָבִינוּ בִּבְרִית בֵּין־הַבְּתָרִים, שֶׁנֶּאֱמַר: וַיֹּאמֶר לְאַבְרָם יָדֹעַ תֵּדַע, כִּי־גֵר יִהְיֶה זַרְעֲךָ, בְּאֶרֶץ לֹא לָהֶם, וַעֲבָדוּם וְעִנּוּ אֹתָם אַרְבַּע מֵאוֹת שָׁנָה: וְגַם אֶת־הַגּוֹי אֲשֶׁר יַעֲבֹדוּ דָּן אָנֹכִי. וְאַחֲרֵי־כֵן יֵצְאוּ, בִּרְכֻשׁ גָּדוֹל: (בראשית טו:יג-יד)

מכסים את המצות ומגביהים את הכוס

MI'TECHILA OV'DEH — מִתְּחִלָּה עוֹבְדֵי

Originally our ancestors worshipped idols but the Ever-Present brought us to worship Him as it is written: "And Joshua said unto all the people: Thus says the Lord, God of Israel. In the past your fathers lived beyond the River; Terakh, father of Abraham and father of Nahor, and they served other gods". (Joshua 24:2-4)

VA'EKACH ET AVICHEM — וָאֶקַּח אֶת־אֲבִיכֶם

"And I took your father Abraham from beyond the River and led him throughout the land of Canaan. And I multiplied his seed and gave him Isaac. And I gave to Isaac, Jacob and Esau. And to Esau I gave Mount Seir as a possession; while Jacob and his sons went down to Egypt."

BARUCH SHOMER — בָּרוּךְ שׁוֹמֵר

Blessed be He who keeps His promise to Israel, blessed be He. For the Holy One, blessed be He, ended our bondage in Egypt at the very time foretold to our father Abraham at the Covenant between the Portions, as it is written: "And He said to Abram: 'Know for certain that your descendants will be strangers in a land which is not theirs, and they will serve them; and they will treat them harshly for 400 years. But I will also judge that nation which they serve; and afterwards the Israelites shall come out with great wealth." (Bereshit 15.13-14)

The matsoth are covered and the wine glass lifted until the end of the next paragraph.

THE SEPHARDIC FAMILY HAGGADAH

היא שעמדה

הִיא שֶׁעָמְדָה לַאֲבוֹתֵינוּ וְלָנוּ. שֶׁלֹּא אֶחָד בִּלְבָד, עָמַד עָלֵינוּ לְכַלּוֹתֵנוּ. אֶלָּא שֶׁבְּכָל־דּוֹר וָדוֹר, עוֹמְדִים עָלֵינוּ לְכַלּוֹתֵנוּ. וְהַקָּדוֹשׁ בָּרוּךְ הוּא מַצִּילֵנוּ מִיָּדָם:

צא ולמד

צֵא וּלְמַד, מַה בִּקֵּשׁ לָבָן הָאֲרַמִּי לַעֲשׂוֹת לְיַעֲקֹב אָבִינוּ. שֶׁפַּרְעֹה לֹא גָזַר אֶלָּא עַל־הַזְּכָרִים, וְלָבָן בִּקֵּשׁ לַעֲקֹר אֶת־הַכֹּל, שֶׁנֶּאֱמַר: אֲרַמִּי אֹבֵד אָבִי, וַיֵּרֶד מִצְרַיְמָה, וַיָּגָר שָׁם בִּמְתֵי מְעָט. וַיְהִי־שָׁם לְגוֹי גָּדוֹל, עָצוּם וָרָב: (דברים כו:ה)

VEHEE SHE-AMDA — הִיא שֶׁעָמְדָה

It is this that has stood by our fathers and us; for not only one enemy has risen up against us to destroy us, but in every generation they rise up against us to destroy us; but the Holy One Blessed be He, saves us from their hand.

The Exodus story is told through the study of verses in Devraim 26:5-8 known as the pilgrim's recitation (*Miqra Bikkurim*). These verses were familiar to the people and therefore chosen by the sages as the springboard for study. Rabbinic Midrash (interpretation) assumes our text has limitless possibilities and therefore invites the students to engage in the process of study and interpreations. As you will see below the Midrash presupposes the conection between various verses and often interpets one verse in light of another. Multiple biblical stories interact with one another to create a historical tapestry that intrigues and inspires.

TSEH U'LMAD — צֵא וּלְמַד

Go and learn what Lavan the Aramean sought to do to Jacob our father. Pharaoh's decree condemned only the new-born sons, but Lavan sought to put an end to them all, as it is written:

"An Aramean sought to destroy my father, so my father went down to Egypt and sojourned there, with only a few, but became there a great, mighty and numerous nation." (Devarim 26:5)

וַיֵּרֶד מִצְרַיְמָה, אָנוּס עַל פִּי הַדִּבּוּר. וַיָּגָר שָׁם. מְלַמֵּד שֶׁלֹּא יָרַד לְהִשְׁתַּקֵּעַ, אֶלָּא לָגוּר שָׁם, שֶׁנֶּאֱמַר: וַיֹּאמְרוּ אֶל-פַּרְעֹה, לָגוּר בָּאָרֶץ בָּאנוּ, כִּי-אֵין מִרְעֶה לַצֹּאן אֲשֶׁר לַעֲבָדֶיךָ, כִּי-כָבֵד הָרָעָב בְּאֶרֶץ כְּנָעַן. וְעַתָּה, יֵשְׁבוּ-נָא עֲבָדֶיךָ בְּאֶרֶץ גֹּשֶׁן: (בראשית מז:ד)

בִּמְתֵי מְעָט. כְּמוֹ שֶׁנֶּאֱמַר: בְּשִׁבְעִים נֶפֶשׁ, יָרְדוּ אֲבֹתֶיךָ מִצְרָיְמָה. וְעַתָּה, שָׂמְךָ יְיָ אֱלֹהֶיךָ, כְּכוֹכְבֵי הַשָּׁמַיִם לָרֹב: (דברים י:כב)

וַיְהִי-שָׁם לְגוֹי גָּדוֹל. מְלַמֵּד שֶׁהָיוּ יִשְׂרָאֵל מְצֻיָּנִים שָׁם:

לְגוֹי גָּדוֹל וְעָצוּם, כְּמוֹ שֶׁנֶּאֱמַר: וּבְנֵי יִשְׂרָאֵל פָּרוּ וַיִּשְׁרְצוּ וַיִּרְבּוּ וַיַּעַצְמוּ בִּמְאֹד מְאֹד, וַתִּמָּלֵא הָאָרֶץ אֹתָם: (שמות א:ז)

וָרָב כְּמוֹ שֶׁנֶּאֱמַר: רְבָבָה כְּצֶמַח הַשָּׂדֶה נְתַתִּיךְ, וַתִּרְבִּי וַתִּגְדְּלִי, וַתָּבֹאִי בַּעֲדִי עֲדָיִים: שָׁדַיִם נָכֹנוּ וּשְׂעָרֵךְ צִמֵּחַ, וְאַתְּ עֵרֹם וְעֶרְיָה: (יחזקאל טז:ו-ז) (י"א וָאֶעֱבֹר עָלַיִךְ וָאֶרְאֵךְ מִתְבּוֹסֶסֶת בְּדָמָיִךְ. וָאֹמַר לָךְ בְּדָמַיִךְ חֲיִי. וָאֹמַר לָךְ בְּדָמַיִךְ חֲיִי.)

VAYERED MI'TSRAYMA — וַיֵּרֶד מִצְרַיְמָה

"So he went down to Egypt:" compelled by Divine decree.

"And sojourned there:" not to settle but intending merely to stay there a while; as Jacob's sons said to Pharaoh: 'We have come only to sojourn in the land for there is no pasture for your servants' flocks in Canaan since the famine is severe there. So please now let your servants dwell in the land of Goshen'

BI'MTEH ME'AT — בִּמְתֵי מְעָט

"With only a few": as it is written: "Your fathers went to Egypt with seventy souls; but now the Lord your God has made you as numerous as the stars of heaven". (Devarim 10:22)

VAYHI SHAM LEGOY GADOL — וַיְהִי שָׁם לְגוֹי גָּדוֹל

"And [they] became there a great nation": which indicates that the Israelites achieved distinction there as a great nation.

LE'GOY GADOL VE'ATSUM — לְגוֹי גָּדוֹל וְעָצוּם

"A Great and Mighty Nation": as it is written: 'And the children of Israel were fruitful and increased and multiplied and became very, very mighty; and the land was full of them'. (Shemoth 1:7)

VARAV KEMO SHENE-EMAR — וָרָב כְּמוֹ שֶׁנֶּאֱמַר

"And Numerous": as it is written: 'I caused you to thrive like the plants of the field and you grew big and tall, and came to be of great charm, beautiful in form and your hair was grown long; yet you were naked and bare'. (Yechezkel 16:7-6)

וַיָּרֵעוּ אֹתָנוּ הַמִּצְרִים וַיְעַנּוּנוּ. וַיִּתְּנוּ עָלֵינוּ עֲבֹדָה קָשָׁה: (דברים כו:ו)

וַיָּרֵעוּ אֹתָנוּ הַמִּצְרִים. כְּמוֹ שֶׁנֶּאֱמַר: הָבָה נִתְחַכְּמָה לוֹ. פֶּן־יִרְבֶּה, וְהָיָה כִּי־תִקְרֶאנָה מִלְחָמָה, וְנוֹסַף גַּם־הוּא עַל־שֹׂנְאֵינוּ, וְנִלְחַם־בָּנוּ, וְעָלָה מִן הָאָרֶץ: (שמות א:י)

וַיְעַנּוּנוּ. כְּמוֹ שֶׁנֶּאֱמַר: וַיָּשִׂימוּ עָלָיו שָׂרֵי מִסִּים, לְמַעַן עַנֹּתוֹ בְּסִבְלֹתָם: וַיִּבֶן עָרֵי מִסְכְּנוֹת לְפַרְעֹה, אֶת־פִּתֹם וְאֶת־רַעַמְסֵס: (שמות א:יא)

וַיִּתְּנוּ עָלֵינוּ עֲבֹדָה קָשָׁה. כְּמוֹ שֶׁנֶּאֱמַר: וַיַּעֲבִדוּ מִצְרַיִם אֶת־בְּנֵי יִשְׂרָאֵל בְּפָרֶךְ: (א:יג)

וַנִּצְעַק אֶל־יְיָ אֱלֹהֵי אֲבֹתֵינוּ, וַיִּשְׁמַע יְיָ אֶת־קֹלֵנוּ, וַיַּרְא אֶת־עָנְיֵנוּ, וְאֶת־עֲמָלֵנוּ, וְאֶת־לַחֲצֵנוּ: (דברים כו:ז)

וַנִּצְעַק אֶל־יְיָ אֱלֹהֵי אֲבֹתֵינוּ, כְּמוֹ שֶׁנֶּאֱמַר: וַיְהִי בַיָּמִים הָרַבִּים הָהֵם, וַיָּמָת מֶלֶךְ מִצְרַיִם, וַיֵּאָנְחוּ בְנֵי־יִשְׂרָאֵל מִן־הָעֲבֹדָה וַיִּזְעָקוּ. וַתַּעַל שַׁוְעָתָם אֶל־הָאֱלֹהִים מִן־הָעֲבֹדָה: (שמות ב:כג)

VA'YAREU OTANU HA'MITSRIM — וַיָּרֵעוּ אֹתָנוּ הַמִּצְרִים

"And the Egyptians ill-treated us, oppressed us, and laid heavy bondage upon us". (Devarim 26:6)

VA'YAREU — וַיָּרֵעוּ

"And they [Egyptians] ill-treated us": As they said: "Come let us deal shrewdly with them. Should they multiply and a war start they may join our enemies, fight against us and leave the country" (Shemoth 1:10)

VA'YANUNU — וַיְעַנּוּנוּ

"And oppressed us": as it is written: 'So they put taskmasters over them to oppress them with their burdens; and they built store-cities for Pharaoh, Pitom and Raamses.' (Shemoth 1:11)

VA'YITENU ALENU — וַיִּתְּנוּ עָלֵינוּ

"And laid heavy bondage upon us": as it is written: 'The Egyptians made the children of Israel slave rigorously' (Shemoth 1:13)

VA'NITSAK EL ADONAI — וַנִּצְעַק אֶל־יְיָ

"And we cried to the Lord, God of our Fathers, and the Lord heard our voice and saw our affliction, toil and oppression." (Devrarim 26:7)

VA'NITSAK — וַנִּצְעַק

"And we cried to the Lord, God of our Fathers": as it is written: 'It came to pass during that long period that the king of Egypt died, and the children of Israel groaned because of their bondage, and they cried, and their prayer rose up to God because of their bondage.'(Shemoth 2:23)

THE SEPHARDIC FAMILY HAGGADAH

וַיִּשְׁמַע יְיָ אֶת־קֹלֵנוּ. כְּמוֹ שֶׁנֶּאֱמַר: וַיִּשְׁמַע אֱלֹהִים אֶת־נַאֲקָתָם, וַיִּזְכֹּר אֱלֹהִים אֶת־בְּרִיתוֹ, אֶת־אַבְרָהָם, אֶת־יִצְחָק, וְאֶת יַעֲקֹב: (שמות ב:כד)

וַיַּרְא אֶת־עָנְיֵנוּ: זוּ פְּרִישׁוּת דֶּרֶךְ־אֶרֶץ. כְּמוֹ שֶׁנֶּאֱמַר: וַיַּרְא אֱלֹהִים אֶת־בְּנֵי יִשְׂרָאֵל. וַיֵּדַע אֱלֹהִים: (שמות ב:כה)

וְאֶת־עֲמָלֵנוּ. אֵלּוּ הַבָּנִים. כְּמוֹ שֶׁנֶּאֱמַר: וַיְצַו פַּרְעֹה לְכָל־עַמּוֹ לֵאמֹר. כָּל־הַבֵּן הַיִּלּוֹד הַיְאֹרָה תַּשְׁלִיכֻהוּ, וְכָל־הַבַּת תְּחַיּוּן: (שמות א:כב)

וְאֶת לַחֲצֵנוּ. זֶה הַדְּחַק. כְּמוֹ שֶׁנֶּאֱמַר: וְגַם־רָאִיתִי אֶת־הַלַּחַץ, אֲשֶׁר מִצְרַיִם לֹחֲצִים אֹתָם: (שמות ג:ט)

וַיּוֹצִאֵנוּ יְיָ מִמִּצְרַיִם, בְּיָד חֲזָקָה, וּבִזְרֹעַ נְטוּיָה, וּבְמֹרָא גָּדוֹל וּבְאֹתוֹת וּבְמוֹפְתִים: (דברים כו:ח)

VA'YISHMA — וַיִּשְׁמַע

"And the Lord heard our voice": as it is written: 'And God heard their moaning; and God remembered His covenant with Abraham, Isaac and Jacob.'(Shemoth 2:24)

VA'YAR ET ONYENU — וַיַּרְא אֶת־עָנְיֵנוּ

"And [God] saw our affliction": this refers to the separation of man and wife as it is written: 'And God saw the children of Israel and God knew'.(Shemoth 2:25)

VE'ET AMALENU — וְאֶת עֲמָלֵנוּ

"And our toil": this is the sons of whom Pharaoh said: 'Every newborn son you shall cast into the river; but every daughter you shall let live.' (Shemoth 1:22)

VE'ET LACHATSENU — וְאֶת לַחֲצֵנוּ

"And our oppression": as it says: 'I have also seen the oppression with which the Egyptians oppress them.'(Shemoth 3:9)

VA'YOTSI-ENU — וַיּוֹצִאֵנוּ

"And the Lord brought us out of Egypt with a mighty hand and an outstretched arm, with great fearfulness, with signs and with wonders." (Devarim 26:8)

וַיּוֹצִאֵנוּ יְיָ מִמִּצְרַיִם. לֹא עַל־יְדֵי מַלְאָךְ, וְלֹא עַל־יְדֵי שָׂרָף. וְלֹא עַל־יְדֵי שָׁלִיחַ. אֶלָּא הַקָּדוֹשׁ בָּרוּךְ הוּא בִּכְבוֹדוֹ וּבְעַצְמוֹ. שֶׁנֶּאֱמַר: וְעָבַרְתִּי בְאֶרֶץ־מִצְרַיִם בַּלַּיְלָה הַזֶּה, וְהִכֵּיתִי כָל־בְּכוֹר בְּאֶרֶץ מִצְרַיִם, מֵאָדָם וְעַד־בְּהֵמָה, וּבְכָל־אֱלֹהֵי מִצְרַיִם אֶעֱשֶׂה שְׁפָטִים אֲנִי יְיָ: (שמות יב:ב)

וְעָבַרְתִּי בְאֶרֶץ־מִצְרַיִם, אֲנִי וְלֹא מַלְאָךְ. וְהִכֵּיתִי כָל־בְּכוֹר אֲנִי וְלֹא שָׂרָף. וּבְכָל־אֱלֹהֵי מִצְרַיִם אֶעֱשֶׂה שְׁפָטִים, אֲנִי וְלֹא שָׁלִיחַ. אֲנִי יְיָ. אֲנִי הוּא וְלֹא אַחֵר:

בְּיָד חֲזָקָה. זוֹ הַדֶּבֶר. כְּמוֹ שֶׁנֶּאֱמַר: הִנֵּה יַד־יְיָ הוֹיָה, בְּמִקְנְךָ אֲשֶׁר בַּשָּׂדֶה, בַּסּוּסִים בַּחֲמֹרִים בַּגְּמַלִּים, בַּבָּקָר וּבַצֹּאן, דֶּבֶר כָּבֵד מְאֹד: (שמות ט:ג)

וּבִזְרֹעַ נְטוּיָה. זוֹ הַחֶרֶב. כְּמוֹ שֶׁנֶּאֱמַר: וְחַרְבּוֹ שְׁלוּפָה בְּיָדוֹ, נְטוּיָה עַל־יְרוּשָׁלָיִם: (דברי הימים א' כא:טז)

VA'YOTSI-ENU — וַיּוֹצִאֵנוּ

"And [God] brought us out of Egypt": not by means of an angel, or of a Seraph, or of a messenger, but the Holy One, blessed be He Himself, in His Glory, as it is written: 'I will pass through the land of Egypt on that night and I will smite all the first-born in the land of Egypt, both man and beast, and I will execute judgment against all the gods of Egypt, I the Lord.' (Shemoth 12:2)

VE'AVARTI — וְעָבַרְתִּי

"I will pass through the land of Egypt," I, not an angel. "I will smite all the first-born in the land of Egypt." I, not a Seraph. "I will execute judgment against all the gods of Egypt," I, not a messenger. "'I, the Lord." I and no other.

BE'YAD CHAZAKA — בְּיָד חֲזָקָה

"With a mighty hand": this is the pestilence of which it is written: 'Behold the hand of the Lord is upon your cattle in the field, upon the horses, asses, camels, oxen and sheep, a very severe pestilence.'(Shemoth 9:3)

U'VIZROA NETUYA — וּבִזְרֹעַ נְטוּיָה

"With an outstretched arm": this is the sword: for thus it is written 'His drawn sword in His hand, stretched out over Jerusalem.' (I Divrei HaYamim 21:16)

וּבְמוֹרָא גָּדוֹל, זֶה גִּלּוּי שְׁכִינָה. כְּמוֹ שֶׁנֶּאֱמַר: אוֹ הֲנִסָּה אֱלֹהִים, לָבוֹא לָקַחַת לוֹ גוֹי מִקֶּרֶב גּוֹי, בְּמַסֹּת בְּאֹתֹת וּבְמוֹפְתִים וּבְמִלְחָמָה, וּבְיָד חֲזָקָה וּבִזְרוֹעַ נְטוּיָה, וּבְמוֹרָאִים גְּדֹלִים. כְּכֹל אֲשֶׁר־עָשָׂה לָכֶם יְיָ אֱלֹהֵיכֶם, בְּמִצְרַיִם לְעֵינֶיךָ: (דברים ד:לד)

וּבְאֹתוֹת. זֶה הַמַּטֶּה, כְּמוֹ שֶׁנֶּאֱמַר: וְאֶת־הַמַּטֶּה הַזֶּה תִּקַּח בְּיָדֶךָ. אֲשֶׁר תַּעֲשֶׂה־בּוֹ אֶת־הָאֹתֹת: (שמות ד:יז)

וּבְמוֹפְתִים. זֶה הַדָּם. כְּמוֹ שֶׁנֶּאֱמַר: וְנָתַתִּי מוֹפְתִים, בַּשָּׁמַיִם וּבָאָרֶץ:

נוהגים להטיף מעט מן הכוס בעת אמירת דם ואש, וגם באמירת דם צפרדע, וכו', וגם באמירת דצ"ך עד"ש וכו', ויש אומרים גם במילה "שתים"

דָּם. וָאֵשׁ. וְתִימְרוֹת עָשָׁן: (יואל ג:ג)

דָּבָר אַחֵר. בְּיָד חֲזָקָה שְׁתַּיִם. וּבִזְרֹעַ נְטוּיָה שְׁתַּיִם. וּבְמוֹרָא גָּדוֹל שְׁתַּיִם. וּבְאֹתוֹת שְׁתַּיִם. וּבְמֹפְתִים שְׁתַּיִם:

THE SEPHARDIC FAMILY HAGGADAH

U'VMORA GADOL — וּבְמוֹרָא גָּדוֹל

"With great fearfulness": this refers to the revelation of the Divine Presence as it is written: 'Or has any god ever come and taken unto himself one nation from the midst of another, with trials, signs, wonders, with war, a mighty hand and an outstretched arm and awesome manifestations as the Lord your God did for you in Egypt before your own eyes?' (Devarim 4:34)

U'VOTOT — וּבְאֹתוֹת

"With signs": this is Moses' staff as it says: 'Take this staff in your hands with which to do the signs.'(Shemoth 4:17)

U'VMOFTIM — וּבְמוֹפְתִים

"With wonders": this refers to the blood, as it says: 'I will show wonders in heaven and on earth:

As each of the three plagues is said a bit of wine is poured into a bowl or plate

Blood, Fire and Pillars of Smoke.

וּבְמוֹפְתִים *Uv'moftim zeh hadam kemo shene-emar: ve'natati mofetim bashamayim u'va-arets:*

***Dahm, Va'esh, Ve'timerot Ashan* (Yoel 3:3)**

DAVAR AHER — דָּבָר אַחֵר

Another explanation of the preceding verse: [Each term represents two plagues], hence 'mighty hand' –two, 'an outstretched arm' – two, 'great fearfulness' – two, 'signs' - two and 'wonders' - two making a total of ten plagues.

אֵלּוּ עֶשֶׂר מַכּוֹת שֶׁהֵבִיא הַקָּדוֹשׁ בָּרוּךְ הוּא עַל־הַמִּצְרִיִּים בְּמִצְרַיִם, וְאֵלּוּ הֵן:

דָּם. צְפַרְדֵּעַ. כִּנִּים. עָרוֹב.
דֶּבֶר. שְׁחִין. בָּרָד. אַרְבֶּה.
חֹשֶׁךְ. מַכַּת בְּכוֹרוֹת:

רַבִּי יְהוּדָה הָיָה נוֹתֵן בָּהֶם סִמָּנִים:

דְּצַ"ךְ עֲדַ"שׁ בְּאַחַ"ב:

רַבִּי יוֹסֵי הַגַּלִילִי אוֹמֵר: מִנַּיִן אַתָּה אוֹמֵר, שֶׁלָּקוּ הַמִּצְרִיִּים בְּמִצְרַיִם עֶשֶׂר מַכּוֹת, וְעַל־הַיָּם לָקוּ חֲמִשִּׁים מַכּוֹת? בְּמִצְרַיִם מָה־הוּא אוֹמֵר: וַיֹּאמְרוּ הַחַרְטֻמִּם אֶל־פַּרְעֹה, אֶצְבַּע אֱלֹהִים הִיא. (שמות ח:טו) וְעַל־הַיָּם מָה־הוּא אוֹמֵר? וַיַּרְא יִשְׂרָאֵל אֶת־הַיָּד הַגְּדֹלָה, אֲשֶׁר עָשָׂה יְיָ בְּמִצְרַיִם, וַיִּירְאוּ הָעָם אֶת־יְיָ. וַיַּאֲמִינוּ בַּייָ, וּבְמֹשֶׁה עַבְדּוֹ. (שמות יד:לא)

EILUH ESER MAKOT — אֵלּוּ עֶשֶׂר מַכּוֹת

These are the ten plagues the Holy One blessed be He brought upon the Egyptians in Egypt, and they are:

(Again as each plague is said a bit of wine is poured from the cup into a bowl.)

Dahm, Tsefarde'a, Kinim, Arov, Dever, Shechin, Barad, Arbeh, Choshekh, Makat-Bechorot

Blood, Frogs, Lice, Wild Beasts, Pestilence, Boils, Hail, Locusts, Darkness, Slaying of the First-Born.

RIBBI YEHUDA — רִבִּי יְהוּדָה

(Again wine is poured out for the acronym of Rabbi Yehuda.)

Rabbi Yehuda gave them (the ten plagues) an acronym (denoted by the first letter of each plague):

Detsakh, Adash, Be'achav.

RIBBI YOSEH — רִבִּי יוֹסֵי

Rabbi Yossi the Galiliean says: "How does one derive that the Egyptians were struck with ten plagues in Egypt, but with fifty plagues at the sea? Concerning the plagues in Egypt the Torah states: 'The sorcerers said to Pharaoh: It is the finger of God' (Shemoth 8:15). However, of the sea, the Torah relates: 'And Israel saw the great hand which Hashem laid upon the Egyptians, and the people feared Hashem and they believed in Hashem and in His servant Moses' (Shemoth 14:31).

כַּמָּה לָקוּ בְּאֶצְבַּע, עֶשֶׂר מַכּוֹת: אֱמוֹר מֵעַתָּה, בְּמִצְרַיִם לָקוּ עֶשֶׂר מַכּוֹת, וְעַל־הַיָּם, לָקוּ חֲמִשִּׁים מַכּוֹת:

רִבִּי אֱלִיעֶזֶר אוֹמֵר: מִנַּיִן שֶׁכָּל־מַכָּה וּמַכָּה, שֶׁהֵבִיא הַקָּדוֹשׁ בָּרוּךְ הוּא עַל הַמִּצְרִיִּים בְּמִצְרַיִם, הָיְתָה שֶׁל אַרְבַּע מַכּוֹת? שֶׁנֶּאֱמַר: יְשַׁלַּח־בָּם חֲרוֹן אַפּוֹ, עֶבְרָה וָזַעַם וְצָרָה. מִשְׁלַחַת מַלְאֲכֵי רָעִים. (תהילים עז:מט) עֶבְרָה אַחַת. וָזַעַם שְׁתַּיִם. וְצָרָה שָׁלֹשׁ. מִשְׁלַחַת מַלְאֲכֵי רָעִים אַרְבַּע: אֱמוֹר מֵעַתָּה, בְּמִצְרַיִם לָקוּ אַרְבָּעִים מַכּוֹת, וְעַל הַיָּם לָקוּ מָאתַיִם מַכּוֹת:

רִבִּי עֲקִיבָא אוֹמֵר: מִנַּיִן שֶׁכָּל־מַכָּה וּמַכָּה, שֶׁהֵבִיא הַקָּדוֹשׁ בָּרוּךְ הוּא עַל־הַמִּצְרִיִּים בְּמִצְרַיִם, הָיְתָה שֶׁל־חָמֵשׁ מַכּוֹת? שֶׁנֶּאֱמַר: יְשַׁלַּח־בָּם חֲרוֹן אַפּוֹ, עֶבְרָה וָזַעַם וְצָרָה. מִשְׁלַחַת מַלְאֲכֵי רָעִים. (תהילים עז:מט) חֲרוֹן אַפּוֹ אַחַת. עֶבְרָה שְׁתַּיִם. וָזַעַם שָׁלֹשׁ. וְצָרָה אַרְבַּע. מִשְׁלַחַת מַלְאֲכֵי רָעִים חָמֵשׁ: אֱמוֹר מֵעַתָּה, בְּמִצְרַיִם לָקוּ חֲמִשִּׁים מַכּוֹת, וְעַל הַיָּם לָקוּ מָאתַיִם וַחֲמִשִּׁים מַכּוֹת:

KAMA LAKU — כַּמָּה לָקוּ

How many plagues did they receive with the finger? Ten! Then conclude that if they suffered ten plagues in Egypt [where they were struck with one finger], they must have been made to suffer fifty plagues at Sea [where they were struck with a hand]."

RIBBI ELIEZER OMER — רִבִּי אֱלִיעֶזֶר אוֹמֵר

Rabbi Eliezer says: "how does one derive that every plague that the Holy One, Blessed is He, inflicted upon the Egyptians in Egypt was equal to four plagues? As it says, 'He sent upon them His fierce anger; 1. Wrath 2. Fury 3. Trouble and 4. A band of emissaries of evil, (Tehilim 78:49) therefore conclude that in Egypt they were struck by forty plagues and at the Sea by two hundred!"

RIBBI AKIVA OMER — רִבִּי עֲקִיבָא אוֹמֵר

Rabbi Akiva says: "How does one derive that each plague that the Holy One Blessed is He inflicted upon the Egyptians in Egypt was equal to five plagues? As it says, 'He sent upon them His fierce anger 1. Fierce anger 2. Wrath 3. Fury 4. Trouble and 5. A band of emissaries of evil, (Tehilim 78:49) therefore conclude that in Egypt they were struck by fifty plagues and at the Sea by two hundred and fifty!"

כַּמָּה מַעֲלוֹת טוֹבוֹת לַמָּקוֹם עָלֵינוּ:

אִלּוּ הוֹצִיאָנוּ מִמִּצְרַיִם, וְלֹא עָשָׂה בָהֶם שְׁפָטִים,
דַּיֵּנוּ:

אִלּוּ עָשָׂה בָהֶם שְׁפָטִים, וְלֹא עָשָׂה בֵאלֹהֵיהֶם,
דַּיֵּנוּ:

אִלּוּ עָשָׂה בֵאלֹהֵיהֶם, וְלֹא הָרַג בְּכוֹרֵיהֶם,
דַּיֵּנוּ:

אִלּוּ הָרַג בְּכוֹרֵיהֶם, וְלֹא נָתַן לָנוּ אֶת־מָמוֹנָם,
דַּיֵּנוּ:

אִלּוּ נָתַן לָנוּ אֶת־מָמוֹנָם, וְלֹא קָרַע לָנוּ אֶת־הַיָּם,
דַּיֵּנוּ:

אִלּוּ קָרַע לָנוּ אֶת־הַיָּם, וְלֹא הֶעֱבִירָנוּ בְּתוֹכוֹ בֶחָרָבָה,
דַּיֵּנוּ:

אִלּוּ הֶעֱבִירָנוּ בְּתוֹכוֹ בֶחָרָבָה, וְלֹא שִׁקַּע צָרֵינוּ בְּתוֹכוֹ,
דַּיֵּנוּ:

אִלּוּ שִׁקַּע צָרֵינוּ בְּתוֹכוֹ, וְלֹא סִפֵּק צָרְכֵּנוּ בַּמִּדְבָּר אַרְבָּעִים שָׁנָה,
דַּיֵּנוּ:

אִלּוּ סִפֵּק צָרְכֵּנוּ בַּמִּדְבָּר אַרְבָּעִים שָׁנָה, וְלֹא הֶאֱכִילָנוּ אֶת־הַמָּן,
דַּיֵּנוּ:

THE SEPHARDIC FAMILY HAGGADAH

KAMA MA-ALOT TOVOT — כַּמָּה מַעֲלוֹת טוֹבוֹת

For how many favors do we owe thanks to the Ever-Present!

If He had brought us out of Egypt, but not executed judgment upon the Egyptians, **it would have been sufficient.**

If He had executed judgment upon the Egyptians, but not upon their gods, **it would have been sufficient.**

If He had executed judgment upon their gods, but not slain their first-born, **it would have been sufficient.**

If He had slain their first-born, but not given us their wealth, **it would have been sufficient.**

If He had given us their wealth, but not split the sea, **it would have been sufficient.**

If He had split the sea without taking us across it on dry land, **it would have been sufficient.**

If He had taken us across the sea on dry land but not drowned our oppressors in it, **it would have been sufficient.**

If He had drowned our oppressors in it, but not provided for our needs in the wilderness for forty years, **it would have been sufficient.**

If he had provided for our needs in the wilderness for forty years, but not fed us on manna, **it would have been sufficient.**

אִלּוּ הֶאֱכִילָנוּ אֶת־הַמָּן, וְלֹא נָתַן לָנוּ אֶת־הַשַּׁבָּת,
דַּיֵּנוּ:

אִלּוּ נָתַן לָנוּ אֶת־הַשַּׁבָּת, וְלֹא קֵרְבָנוּ לִפְנֵי הַר סִינַי,
דַּיֵּנוּ:

אִלּוּ קֵרְבָנוּ לִפְנֵי הַר סִינַי, וְלֹא נָתַן לָנוּ אֶת־הַתּוֹרָה,
דַּיֵּנוּ:

אִלּוּ נָתַן לָנוּ אֶת־הַתּוֹרָה, וְלֹא הִכְנִיסָנוּ לְאֶרֶץ
יִשְׂרָאֵל, דַּיֵּנוּ:

אִלּוּ הִכְנִיסָנוּ לְאֶרֶץ יִשְׂרָאֵל, וְלֹא בָנָה לָנוּ אֶת־בֵּית
הַמִּקְדָּשׁ, דַּיֵּנוּ:

עַל אַחַת כַּמָּה וְכַמָּה טוֹבָה כְּפוּלָה וּמְכֻפֶּלֶת לַמָּקוֹם עָלֵינוּ: הוֹצִיאָנוּ מִמִּצְרַיִם, עָשָׂה בָהֶם שְׁפָטִים, עָשָׂה בֵאלֹהֵיהֶם, הָרַג בְּכוֹרֵיהֶם, נָתַן לָנוּ אֶת־מָמוֹנָם, קָרַע לָנוּ אֶת־הַיָּם, הֶעֱבִירָנוּ בְּתוֹכוֹ בֶחָרָבָה, שִׁקַּע צָרֵינוּ בְּתוֹכוֹ, סִפֵּק צָרְכֵנוּ בַּמִּדְבָּר אַרְבָּעִים שָׁנָה, הֶאֱכִילָנוּ אֶת־הַמָּן, נָתַן לָנוּ אֶת־הַשַּׁבָּת, קֵרְבָנוּ לִפְנֵי הַר סִינַי, נָתַן לָנוּ אֶת־הַתּוֹרָה, הִכְנִיסָנוּ לְאֶרֶץ יִשְׂרָאֵל, וּבָנָה לָנוּ אֶת־בֵּית הַבְּחִירָה, לְכַפֵּר עַל־כָּל־עֲוֹנוֹתֵינוּ.

If He had fed us manna, but not given us the Sabbath, **it would have been sufficient.**

If He had given us the Sabbath, but not led us to Mount Sinai, **it would have been sufficient.**

If He had led us to Mount Sinai, but not given us the Torah, **it would have been sufficient.**

If He had given us the Torah, but not brought us into the land of Israel, **it would have been sufficient.**

If He had brought us into the land of Israel, but not built us the Temple, **it would have been sufficient.**

AL ACHAT KAMA VE'KAMA — עַל אַחַת כַּמָּה וְכַמָּה

How much, therefore, do we owe thanks to the Ever-Present for His manifold favors! He brought us out of Egypt; executed judgment on the Egyptians and their gods; slew their first-born; gave us their wealth; split the sea; took us across it on dry land and drowned our oppressors; provided for our needs in the wilderness for forty years; fed us on manna; gave us the Sabbath; brought us to Mount Sinai and gave us the Torah; and brought us to the land of Israel and gave us the Temple to atone for all our sins.

רַבָּן גַּמְלִיאֵל הָיָה אוֹמֵר: כָּל־מִי שֶׁלֹּא אָמַר שְׁלֹשָׁה דְבָרִים אֵלּוּ בַּפֶּסַח, לֹא יָצָא יְדֵי חוֹבָתוֹ, וְאֵלּוּ הֵן:

פֶּסַח. מַצָּה וּמָרוֹר:

מביטים על הזרוע

פֶּסַח שֶׁהָיוּ אֲבוֹתֵינוּ אוֹכְלִים, בִּזְמַן שֶׁבֵּית הַמִּקְדָּשׁ קַיָּם, עַל־שׁוּם מָה? עַל־שׁוּם שֶׁפָּסַח הַקָּדוֹשׁ בָּרוּךְ הוּא, עַל־בָּתֵּי אֲבוֹתֵינוּ בְּמִצְרַיִם, שֶׁנֶּאֱמַר: וַאֲמַרְתֶּם זֶבַח־פֶּסַח הוּא לַיְיָ, אֲשֶׁר פָּסַח עַל בָּתֵּי בְנֵי־יִשְׂרָאֵל בְּמִצְרָיִם, בְּנָגְפּוֹ אֶת־מִצְרַיִם וְאֶת־בָּתֵּינוּ הִצִּיל, וַיִּקֹּד הָעָם וַיִּשְׁתַּחֲווּ. (שמות יב:כז)

יגביה המצה ויאמר

מַצָּה זוֹ שֶׁאָנוּ אוֹכְלִין, עַל־שׁוּם מָה? עַל־שׁוּם שֶׁלֹּא הִסְפִּיק בְּצֵקָם שֶׁל־אֲבוֹתֵינוּ לְהַחֲמִיץ, עַד־שֶׁנִּגְלָה עֲלֵיהֶם מֶלֶךְ מַלְכֵי הַמְּלָכִים, הַקָּדוֹשׁ בָּרוּךְ הוּא, וּגְאָלָם מִיַּד, שֶׁנֶּאֱמַר: וַיֹּאפוּ אֶת־הַבָּצֵק, אֲשֶׁר הוֹצִיאוּ מִמִּצְרַיִם, עֻגֹת מַצּוֹת, כִּי לֹא חָמֵץ: כִּי־גֹרְשׁוּ מִמִּצְרָיִם, וְלֹא יָכְלוּ לְהִתְמַהְמֵהַּ, וְגַם־צֵדָה לֹא עָשׂוּ לָהֶם. (שמות יב:לט)

RABAN GAMLIEL — רַבָּן גַּמְלִיאֵל

Rabban Gamliel used to say: "One who does not explain the following three things on Pesach night has not fulfilled his duty:

Pesach, Matza, U'Maror

The Pesach sacrifice, Matza (the unleavened bread) and Maror (the bitter herb)."

Everyone looks at the 'Zeroah' and says the following paragraph:

PESACH SHEHAYU — פֶּסַח שֶׁהָיוּ

The Passover sacrifice that our fathers ate in the days when the Temple was still standing: why was it offered? Because the Holy One, Blessed be He, passed over the houses of our fathers in Egypt. As it is written: "You shall say: It is a Passover sacrifice for the Lord, because He passed over the houses of the children of Israel in Egypt when He struck the Egyptians and saved our houses; and the people bowed down and prostrated themselves." (Shemoth 12:27)

The broken matsah between the two whole matsot is lifted for all to see.

MATZA ZU — מַצָּה זוּ

This unleavened bread: why do we eat it? Because the dough of our fathers did not have time to rise before the King of Kings, the Holy One blessed be He revealed Himself and immediately redeemed them. As it is written: "And they baked unleavened bread from the dough which they had taken with them from Egypt. It had not leavened because they were driven out of Egypt in a hurry and could not delay, nor had they prepared any provisions for the way." (Shemoth 12:39)

יגביה המרור ויאמר

מָרוֹר זֶה שֶׁאָנוּ אוֹכְלִים, עַל־שׁוּם מָה? עַל־שׁוּם שֶׁמָּרְרוּ הַמִּצְרִיִּים אֶת־חַיֵּי אֲבוֹתֵינוּ בְּמִצְרַיִם, שֶׁנֶּאֱמַר: וַיְמָרְרוּ אֶת־חַיֵּיהֶם בַּעֲבֹדָה קָשָׁה, בְּחֹמֶר וּבִלְבֵנִים, וּבְכָל־עֲבֹדָה בַּשָּׂדֶה: אֵת כָּל־עֲבֹדָתָם, אֲשֶׁר עָבְדוּ בָהֶם בְּפָרֶךְ. (שמות א:יד)

בְּכָל־דּוֹר וָדוֹר חַיָּב אָדָם לְהַרְאוֹת אֶת־עַצְמוֹ, כְּאִלּוּ הוּא יָצָא מִמִּצְרָיִם, שֶׁנֶּאֱמַר: וְהִגַּדְתָּ לְבִנְךָ בַּיּוֹם הַהוּא לֵאמֹר: בַּעֲבוּר זֶה עָשָׂה יְיָ לִי, בְּצֵאתִי מִמִּצְרָיִם. (שמות יג:ח) שֶׁלֹּא אֶת־אֲבוֹתֵינוּ בִּלְבָד, גָּאַל הַקָּדוֹשׁ בָּרוּךְ הוּא, אֶלָּא אַף אוֹתָנוּ גָּאַל עִמָּהֶם, שֶׁנֶּאֱמַר: וְאוֹתָנוּ הוֹצִיא מִשָּׁם, לְמַעַן הָבִיא אֹתָנוּ, לָתֶת לָנוּ אֶת־הָאָרֶץ אֲשֶׁר נִשְׁבַּע לַאֲבֹתֵינוּ. (דברים ו:כג)

(י"א יגביה הכוס ויאמר)

לְפִיכָךְ אֲנַחְנוּ חַיָּבִים לְהוֹדוֹת, לְהַלֵּל, לְשַׁבֵּחַ, לְפָאֵר, לְרוֹמֵם, לְהַדֵּר וּלְקַלֵּס, לְמִי שֶׁעָשָׂה לַאֲבוֹתֵינוּ וְלָנוּ אֶת־כָּל־הַנִּסִּים הָאֵלּוּ. הוֹצִיאָנוּ מֵעַבְדוּת לְחֵרוּת, וּמִשִּׁעְבּוּד לִגְאֻלָּה וּמִיָּגוֹן לְשִׂמְחָה, וּמֵאֵבֶל לְיוֹם טוֹב, וּמֵאֲפֵלָה לְאוֹר גָּדוֹל. וְנֹאמַר לְפָנָיו הַלְלוּיָהּ:

THE SEPHARDIC FAMILY HAGGADAH

Lift the plate of maror and say:

MAROR ZEH — מָרוֹר זֶה

The bitter herb: why do we eat it? Because the Egyptians embittered the lives of our fathers in Egypt. As it is written: "They made their lives bitter with hard labor, with mortar and brick and with all manner of work in the field; and they made them slave rigorously at all their labor." (Shemoth 1:14)

BEKHOL DOR VADOR — בְּכָל־דּוֹר וָדוֹר

In each generation, everyone is obliged to behave as though he personally went out of Egypt. As it is written: "And you shall tell your son on that day saying: it is for this that the Lord did for me when I went out of Egypt." (Shemoth 13:8) For it was not only our fathers that the Holy One blessed be He redeemed but us too, as it is written: "And He brought us out from there, in order to bring us to, and give us, the land which He promised our forefathers." (Devarim 6:23)

Everyone raises their glass of wine and says the following

LEFIKHAKH — לְפִיכָךְ

It is therefore our duty to thank, praise, laud, glorify, exalt, honor and revere Him who performed all these miracles for our fathers and for us. He has brought us from slavery to freedom; from bondage to deliverance; from sorrow to joy; from mourning to festivity; and from darkness to great light! So let us say before Him "Praise the Lord!"

(י"א מניחים את הכוס)

הַלְלוּיָהּ. הַלְלוּ עַבְדֵי יְיָ. הַלְלוּ אֶת־שֵׁם יְיָ. יְהִי שֵׁם יְיָ מְבֹרָךְ מֵעַתָּה וְעַד־עוֹלָם: מִמִּזְרַח־שֶׁמֶשׁ עַד־מְבוֹאוֹ. מְהֻלָּל שֵׁם יְיָ. רָם עַל־כָּל־גּוֹיִם יְיָ. עַל הַשָּׁמַיִם כְּבוֹדוֹ: מִי כַּייָ אֱלֹהֵינוּ. הַמַּגְבִּיהִי לָשָׁבֶת: הַמַּשְׁפִּילִי לִרְאוֹת בַּשָּׁמַיִם וּבָאָרֶץ: מְקִימִי מֵעָפָר דָּל. מֵאַשְׁפֹּת יָרִים אֶבְיוֹן: לְהוֹשִׁיבִי עִם־נְדִיבִים. עִם נְדִיבֵי עַמּוֹ: מוֹשִׁיבִי עֲקֶרֶת הַבַּיִת אֵם הַבָּנִים שְׂמֵחָה. הַלְלוּיָהּ:

בְּצֵאת יִשְׂרָאֵל מִמִּצְרָיִם, בֵּית יַעֲקֹב מֵעַם לֹעֵז: הָיְתָה יְהוּדָה לְקָדְשׁוֹ. יִשְׂרָאֵל מַמְשְׁלוֹתָיו: הַיָּם רָאָה וַיָּנֹס, הַיַּרְדֵּן יִסֹּב לְאָחוֹר: הֶהָרִים רָקְדוּ כְאֵילִים. גְּבָעוֹת כִּבְנֵי־צֹאן: מַה־לְּךָ הַיָּם כִּי תָנוּס. הַיַּרְדֵּן תִּסֹּב לְאָחוֹר: הֶהָרִים תִּרְקְדוּ כְאֵילִים. גְּבָעוֹת כִּבְנֵי־צֹאן: מִלִּפְנֵי אָדוֹן חוּלִי אָרֶץ. מִלִּפְנֵי אֱלוֹהַּ יַעֲקֹב: הַהֹפְכִי הַצּוּר אֲגַם־מָיִם. חַלָּמִישׁ לְמַעְיְנוֹ־מָיִם. (תהילים קיד)

THE SEPHARDIC FAMILY HAGGADAH

Everyone sets down their glass of wine

HALLELUYA — הַלְלוּיָהּ

Praise the Lord. Praise, O you servants of the Lord. Praise the name of the Lord. Blessed be the name of the Lord from now and forever more. From the rising of the sun, till its setting, the Lord's name is to be praised. The Lord is high above all nations; His glory is above the heaven. Who is like the Lord our God? He is enthroned on high, yet looks down so low, upon the heavens and the earth. He raises the poor out of the dust, lifts the needy from the dunghill, in order to seat him with princes, the princes of His people. He turns the barren woman of the house into a joyful mother of children! Praise the Lord!

BETSET YISRAEL — בְּצֵאת יִשְׂרָאֵל

When Israel went out of Egypt, the house of Jacob from a people of alien tongue, Judah became His sanctuary, Israel His dominion. The sea saw it and fled, the Jordan turned back on itself. The mountains skipped like rams, the hills like lambs. What ails you, sea, that you flee; you, Jordan, that you turn back; you, mountains, that you skip like rams; you, hills, like lambs? Tremble, earth, before the Master, before the god of Jacob; who turns the rock into a pool of water, the flint into a wellspring. (Tehilim 114)

כל אחד יקח כוסו בידו

בָּרוּךְ אַתָּה יְיָ, אֱלֹהֵינוּ מֶלֶךְ הָעוֹלָם, אֲשֶׁר גְּאָלָנוּ וְגָאַל אֶת־אֲבוֹתֵינוּ מִמִּצְרַיִם, וְהִגִּיעָנוּ הַלַּיְלָה הַזֶּה, לֶאֱכָל־בּוֹ מַצָּה וּמָרוֹר. כֵּן, יְיָ אֱלֹהֵינוּ וֵאלֹהֵי אֲבוֹתֵינוּ, הַגִּיעֵנוּ לְמוֹעֲדִים וּרְגָלִים אֲחֵרִים, הַבָּאִים לִקְרָאתֵנוּ לְשָׁלוֹם. שְׂמֵחִים בְּבִנְיַן עִירָךְ, וְשָׂשִׂים בַּעֲבוֹדָתָךְ, וְנֹאכַל שָׁם מִן־הַזְּבָחִים וּמִן־הַפְּסָחִים אֲשֶׁר יַגִּיעַ דָּמָם, עַל־קִיר מִזְבַּחֲךָ לְרָצוֹן, וְנוֹדֶה־לְּךָ שִׁיר חָדָשׁ עַל־גְּאֻלָּתֵנוּ, וְעַל־פְּדוּת נַפְשֵׁנוּ: בָּרוּךְ אַתָּה יְיָ, גָּאַל יִשְׂרָאֵל:

לפי שיטת הרמב"ם: ברוך אתה יי אלהינו
מלך העולם בורא פרי הגפן.

שותין את הכוס בהסיבה

סַבְרִי מָרָנָן: (עונים לְחַיִּים)

בָּרוּךְ אַתָּה יְיָ, אֱלֹהֵינוּ מֶלֶךְ הָעוֹלָם בּוֹרֵא פְּרִי הַגֶּפֶן:

רָחְצָה

נוטלים ידים ומברכים:

בָּרוּךְ אַתָּה יְיָ, אֱלֹהֵינוּ מֶלֶךְ הָעוֹלָם, אֲשֶׁר קִדְּשָׁנוּ בְּמִצְוֹתָיו, וְצִוָּנוּ עַל־נְטִילַת יָדָיִם:

THE SEPHARDIC FAMILY HAGGADAH

Everyone raises their Glass of Wine and says

בָּרוּךְ *Barukh ata Adonai, Elohenu melekh ha'olam, asher ge-alanu ve'ga-al et avotenu mimitsrayim, vehigi-anu halaila hazeh, l'echol bo matsa umaror. Ken Adonai Elohenu ve'loheh avotenu, hagi-enu le'moadim u'rgalim acherim, habaim likratenu leshalom. Semechim bevinyan irakh, vesasim ba'avodatakh, veno-chal sham min hazevahim umin haPesachim asher yagi-a damam al kir mizbachacha leratson, ve'nodeh lekha shir chadash al ge'ulatenu, ve'al pedut nafshenu. Barukh ata Adonai, ga'al Yisrael.*

According to Maimonides: *Barukh ata Adonai Elohenu melekh ha'olam boreh peri Hagefen.*

Drink the second cup of wine.

Blessed are You, Lord our God, King of the universe, who redeemed us and our fathers from Egypt and has brought us this night to eat matsa and maror. May the Lord our God so bring us to future festivals and holidays in peace; happy at the rebuilding of Your city and joyful in Your Temple service. May we partake of the sacrifices and Passover offerings whose blood will be sprinkled upon the sides of Your altar and graciously accepted. Then we will thank You with a new song for our redemption and the deliverance of our souls. Blessed are you, O Lord, who has redeemed Israel.

Everyone should drink their second cup of wine leaning to the left.

ROHTZA רָחְצָה

Wash hands for the HaMotsi.

בָּרוּךְ *Barukh ata Adonai, Elohenu melekh ha'olam asher kideshanu bemitsvotav, vetsivanu al netilat yadayim.*

מוֹצִיא. מַצָּה

מניח את המצה התחתונה ובעודו אוחז את
העליונה ואת הפרוסה מברך

בָּרוּךְ אַתָּה יְיָ, אֱלֹהֵינוּ מֶלֶךְ הָעוֹלָם, הַמּוֹצִיא לֶחֶם מִן־הָאָרֶץ:

בָּרוּךְ אַתָּה יְיָ, אֱלֹהֵינוּ מֶלֶךְ הָעוֹלָם, אֲשֶׁר קִדְּשָׁנוּ בְּמִצְוֹתָיו וְצִוָּנוּ עַל־אֲכִילַת מַצָּה:

מָרוֹר

לוקח כזית מרור, טובלו בחרוסת ומברך ואוכלו

בָּרוּךְ אַתָּה יְיָ, אֱלֹהֵינוּ מֶלֶךְ הָעוֹלָם, אֲשֶׁר קִדְּשָׁנוּ בְּמִצְוֹתָיו וְצִוָּנוּ עַל־אֲכִילַת מָרוֹר:

כּוֹרֵךְ

פורס כזית מהמצה השלישית וכזית מרור, טובלו
בחרוסת, כורכים יחד ואוכלם בהסיבה ואומר

זֵכֶר לַמִּקְדָּשׁ כְּהִלֵּל הַזָּקֵן: שֶׁהָיָה כּוֹרְכָן וְאוֹכְלָן בְּבַת אַחַת פֶּסַח מַצָּה וּמָרוֹר. לְקַיֵּם מַה שֶּׁנֶּאֱמַר: עַל־מַצּוֹת וּמְרוֹרִים יֹאכְלוּהוּ: (במדבר ט:יא)

THE SEPHARDIC FAMILY HAGGADAH

MOTZI MATZA — מוֹצִיא. מַצָּה

*Take the upper matza and the broken
piece and say the blessings:*

בָּרוּךְ Barukh ata Adonai, Elohenu melekh ha'olam, hamotsi lehem min ha'aretz.

בָּרוּךְ Barukh ata Adonai, Elohenu melekh ha'olam, asher kideshanu bemitsvotav, vetsivanu al achilat matsa.

MAROR — מָרוֹר

*Take some lettuce or some celery and dip it
into the haroset and say:*

בָּרוּךְ Barukh ata Adonai, Elohenu melekh ha'olam, asher kideshanu bemitsvotav, vetsivanu al achilat maror.

KOREH — כּוֹרֵךְ

*Take from the lower matza that is whole, some lettuce
and some celery and dip into the haroset and say:*

זֵכֶר Zecher lamikdash ke'hillel hazaken, shehaya korechan ve'ochelan bevat achat lekayem ma shene-emar al matsot um'rorim yochelu'hu.

In rememberance of the Temple we do as Hillel the Elder, who would wrap and eat them together to fulfill that which is written: 'With Matsot and Maror they shall eat it' (Bemidbar 9:11)

שֻׁלְחָן עוֹרֵךְ

The table is set and all present partake of the festive holiday meal.

צָפוּן

זֵכֶר לְקָרְבָּן פֶּסַח אֲפִיקוֹמִין הַנֶּאֱכַל עַל הַשּׂוֹבַע:

אוכלים את האפיקומין

בָּרֵךְ

ימזגו כוס שלישי ויברכו עליו ברכת המזון

ברכת המזון

אֲבָרְכָה אֶת יְיָ בְּכָל־עֵת. תָּמִיד תְּהִלָּתוֹ בְּפִי: סוֹף דָּבָר הַכֹּל נִשְׁמָע, אֶת־הָאֱלֹהִים יְרָא וְאֶת מִצְווֹתָיו שְׁמוֹר כִּי זֶה כָּל־הָאָדָם: תְּהִלַּת יְיָ יְדַבֶּר־פִּי וִיבָרֵךְ כָּל־בָּשָׂר שֵׁם קָדְשׁוֹ לְעוֹלָם וָעֶד: וַאֲנַחְנוּ נְבָרֵךְ יָהּ, מֵעַתָּה וְעַד עוֹלָם הַלְלוּיָהּ:

המזמן אומר: הַב לָן וְנִבְרִיךְ לְמַלְכָּא עִלָּאָה קַדִּישָׁא. (ועונים: שָׁמַיִם.) בִּרְשׁוּת מַלְכָּא עִלָּאָה קַדִּישָׁא (בשבת: וּבִרְשׁוּת שַׁבָּת מַלְכְּתָא) וּבִרְשׁוּת יוֹמָא טָבָא אֻשְׁפִּזָא וּבִרְשׁוּתְכֶם.

וַיְדַבֵּר אֵלַי, זֶה הַשֻּׁלְחָן אֲשֶׁר לִפְנֵי יְיָ:

THE SEPHARDIC FAMILY HAGGADAH

SHULHAN OREH — שֻׁלְחָן עוֹרֵךְ

The table is set and all present partake of the festive holiday meal.

After the Meal:

TZAFUN — צָפוּן

*Take the middle matza that has been set aside
for Afikomin and give everyone a piece and say:*

זֵכֶר *Zeher lekorban Pesach ha'ne-echal al hasova.*

**In remembrance of the Pesach offering
which was eaten to satiety.**

The Afikomin is eaten.

BAREH — בָּרֵךְ

Birkat Hamazon

*Fill the third cup of wine and recite the Birkat Hamazon.
The wine is drunk after the Birkat Hamazon.*

The leader begins:

אֲבָרְכָה *Avareha et Adonai bechol et, tamid te'hilato befi: Sof davar hakol nishma, et ha'eloim yera, ve'et mitsvotav shemor, ki zeh kol ha'adam: Te'hilat Adonai yedaber pi vivarekh kol basar shem kodsho le'olam va'ed, va'anakhnu nevarekh ya me'ata ve'ad olam ha'leluyah.*

הַב לָן *Hav lan venivrikh lemalka ila-a kadisha (answer: shamayim). Birshoot malka ila'a kadisha (on Shabbat: u'virshoot Shabbat malketa) u'virshoot yoma tava u'shpiza u'virshootchem.*

Vaydaber elay zeh ha'shulhan asher lifneh Adonai:

המזמן: נְבָרֵךְ (אם הם עשרה או יותר מוסיף: אֱלֹהֵינוּ) שֶׁאָכַלְנוּ מִשֶּׁלּוֹ.

המסובין: בָּרוּךְ (בעשרה או יותר מוסיפים: אֱלֹהֵינוּ) שֶׁאָכַלְנוּ מִשֶּׁלּוֹ וּבְטוּבוֹ הַגָּדוֹל חָיִינוּ.

המזמן: בָּרוּךְ (אֱלֹהֵינוּ) שֶׁאָכַלְנוּ מִשֶּׁלּוֹ וּבְטוּבוֹ הַגָּדוֹל חָיִינוּ.

בָּרוּךְ אַתָּה יְיָ, אֱלֹהֵינוּ מֶלֶךְ הָעוֹלָם, הַזָּן אֶת־הָעוֹלָם כֻּלּוֹ בְּטוּבוֹ בְּחֵן בְּחֶסֶד וּבְרַחֲמִים הוּא נוֹתֵן לֶחֶם לְכָל־בָּשָׂר כִּי לְעוֹלָם חַסְדּוֹ. וּבְטוּבוֹ הַגָּדוֹל תָּמִיד לֹא חָסַר לָנוּ, וְאַל־יֶחְסַר־לָנוּ מָזוֹן תָּמִיד לְעוֹלָם וָעֶד כִּי הוּא אֵל זָן וּמְפַרְנֵס לַכֹּל. וְשֻׁלְחָנוֹ עָרוּךְ לַכֹּל, וְהִתְקִין מִחְיָה וּמָזוֹן לְכָל־בְּרִיּוֹתָיו אֲשֶׁר בָּרָא בְּרַחֲמָיו וּבְרוֹב חֲסָדָיו כָּאָמוּר, פּוֹתֵחַ אֶת־יָדֶךָ, וּמַשְׂבִּיעַ לְכָל־חַי רָצוֹן. בָּרוּךְ אַתָּה יְיָ, הַזָּן בְּרַחֲמָיו אֶת־הַכֹּל:

נוֹדֶה לְךָ יְיָ אֱלֹהֵינוּ עַל־שֶׁהִנְחַלְתָּ לַאֲבוֹתֵינוּ, אֶרֶץ חֶמְדָּה טוֹבָה וּרְחָבָה, בְּרִית וְתוֹרָה, חַיִּים וּמָזוֹן, עַל־שֶׁהוֹצֵאתָנוּ מֵאֶרֶץ מִצְרַיִם, וּפְדִיתָנוּ מִבֵּית עֲבָדִים, וְעַל־בְּרִיתְךָ שֶׁחָתַמְתָּ בִּבְשָׂרֵנוּ, וְעַל־תּוֹרָתְךָ שֶׁלִּמַּדְתָּנוּ, וְעַל חֻקֵּי רְצוֹנָךְ שֶׁהוֹדַעְתָּנוּ וְעַל־חַיִּים וּמָזוֹן שֶׁאַתָּה זָן וּמְפַרְנֵס אוֹתָנוּ:

THE SEPHARDIC FAMILY HAGGADAH

נְבָרֵךְ *Nevarekh* (if there are at least ten men present, add *Elohenu*) *sheahalnu mishelo.*

Let us bless Him of whose bounty we have eaten.

Those present respond:

בָּרוּךְ *Barukh* (if ten, add *Elohenu*) *sheachalnu mishelo uvtuvo hagadol chayinu.*

Blessed be He of whose bounty we have eaten and through whose abundant goodness we live.

The leader says:

בָּרוּךְ *Barukh* (if ten, add *Elohenu*) *sheachalnu mishelo uvtuvo hagadol chayinu.*

בָּרוּךְ *Barukh ata Adonai Elohenu Melekh ha'olam hazan et ha'olam kulo betuvo bechen bechesed u'vrachamim hu noten lechem lechol basar ki le'olam chasdo. U'vtuvo hagadol, tamid lo chasar lanu ve'al yechsar lanu mazon tamid le'olam va'ed. Ki hu el zan u'mfarnes lakol veshulchano arukh lakol v'-itkin michya umazon lehol biryotav asher bara berachamav u'vrov chasadav ka'amur pote-akh et yadecha umasbia lechol chai ratson: Barukh ata Adonai, hazan berachamav et hakol.*

נוֹדֶה *Nodeh lecha Adonai Elohenu, al shehinhalta la'avotenu eretz chemda tova urchava, berit vetora, chayim umazon, al shehotsetanu me'eretz Mitsrayim, uf'ditanu mibet avadim, v'al beritecha shechatamta bi'vsarenu, ve'al toratecha shelimadtanu, ve'al chukeh retsonakh shehodatanu, ve'al chayim umazon sheata zan u'mfarnes otanu.*

וְעַל־הַכֹּל יְיָ אֱלֹהֵינוּ אֲנוּ מוֹדִים לָךְ, וּמְבָרְכִים אֶת־שְׁמָךְ, כָּאָמוּר וְאָכַלְתָּ וְשָׂבָעְתָּ וּבֵרַכְתָּ אֶת־יְיָ אֱלֹהֶיךָ עַל הָאָרֶץ הַטֹּבָה אֲשֶׁר נָתַן־לָךְ. בָּרוּךְ אַתָּה יְיָ, עַל־הָאָרֶץ וְעַל־הַמָּזוֹן:

רַחֵם יְיָ אֱלֹהֵינוּ, עָלֵינוּ וְעַל־יִשְׂרָאֵל עַמָּךְ, וְעַל־יְרוּשָׁלַיִם עִירָךְ, וְעַל־הַר צִיּוֹן מִשְׁכַּן כְּבוֹדָךְ, וְעַל־הֵיכָלָךְ, וְעַל־מְעוֹנָךְ, וְעַל־דְּבִירָךְ, וְעַל־הַבַּיִת הַגָּדוֹל וְהַקָּדוֹשׁ שֶׁנִּקְרָא שִׁמְךָ עָלָיו. אָבִינוּ, רְעֵנוּ, זוּנֵנוּ, פַּרְנְסֵנוּ, כַּלְכְּלֵנוּ, הַרְוִיחֵנוּ, הַרְוַח־לָנוּ מְהֵרָה מִכָּל־צָרוֹתֵינוּ, וְאַל־תַּצְרִיכֵנוּ יְיָ אֱלֹהֵינוּ, לִידֵי מַתְּנוֹת בָּשָׂר וָדָם, וְלֹא לִידֵי הַלְוָאָתָם. (שֶׁמַּתְּנָתָם מְעוּטָה וְחֶרְפָּתָם מְרֻבָּה) אֶלָּא לְיָדְךָ הַמְּלֵאָה, וְהָרְחָבָה, הָעֲשִׁירָה וְהַפְּתוּחָה, יְהִי רָצוֹן, שֶׁלֹּא נֵבוֹשׁ בָּעוֹלָם הַזֶּה וְלֹא נִכָּלֵם לְעוֹלָם הַבָּא וּמַלְכוּת בֵּית דָּוִד מְשִׁיחָךְ תַּחֲזִירֶנָּה לִמְקוֹמָהּ בִּמְהֵרָה בְּיָמֵינוּ:

לשבת: רְצֵה וְהַחֲלִיצֵנוּ יְיָ אֱלֹהֵינוּ בְּמִצְוֹתֶיךָ וּבְמִצְוַת יוֹם הַשְּׁבִיעִי הַשַּׁבָּת הַגָּדוֹל וְהַקָּדוֹשׁ הַזֶּה. כִּי יוֹם זֶה גָּדוֹל וְקָדוֹשׁ הוּא מִלְּפָנֶיךָ, נִשְׁבּוֹת־בּוֹ וְנָנוּחַ בּוֹ בְּאַהֲבָה כְּמִצְוַת חֻקֵּי רְצוֹנָךְ, וְאַל־תְּהִי צָרָה וְיָגוֹן בְּיוֹם מְנוּחָתֵנוּ. וְהַרְאֵנוּ בְּנֶחָמַת צִיּוֹן בִּמְהֵרָה בְּיָמֵינוּ כִּי אַתָּה הוּא בַּעַל הַנֶּחָמוֹת. וְאַף עַל פִּי (נ"א וְהֲגַם) שֶׁאָכַלְנוּ וְשָׁתִינוּ, חָרְבַּן בֵּיתְךָ הַגָּדוֹל וְהַקָּדוֹשׁ לֹא שָׁכַחְנוּ, אַל תִּשְׁכָּחֵנוּ לָנֶצַח וְאַל תִּזְנָחֵנוּ לָעַד, כִּי אֵל מֶלֶךְ גָּדוֹל וְקָדוֹשׁ אָתָּה.

THE SEPHARDIC FAMILY HAGGADAH

וְעַל *Ve'al hakol Adonai Elohenu, anu modim lakh u'mvarehim et shemakh ka'amur, ve'ahalta ve'savata, u'verakhta et Adonai Eloheha al ha'aretz hatova asher natan lakh: Barukh ata Adonai, al ha'aretz ve'al hamazon.*

רַחֵם *Rachem Adonai Elohenu, alenu ve'al Yisrael amakh, ve'al Yerushalayim irakh, ve'al har tsion mishkan kevodakh, ve'al hechalakh ve'al me'onakh, ve'al devirakh ve'al habayit, hagadol ve'hakadosh shenikra shimha alav, avinu, re'enu, zunenu, farnesenu, chalkelenu, harvihenu, harvakh lanu me'era mikol tsarotenu, ve'al tatsrichenu Adonai Elohenu, lideh matenot basar vadam, velo lide halva-atam, (shematenatam me'uta, vecherpatam meruba) ela leyadecha hamelea ve'harchava, ha'ashira ve'hapetuha, ye'hi ratson shelo nevosh ba'olam hazeh velo nikalem le'olam haba, umalchut bet David meshihakh tachazirena limkoma bimhera ve'yamenu.*

On Shabbat

רְצֵה *Retzeh ve'hachalitzenu Adonai Elohenu be'mitzvotecha uv'mitzvat yom hashevi-i, hashabat hagadol ve'hakadosh hazeh, ki yom zeh gadol vekadosh hu milefanecha, nishbot bo ve'nanuakh bo be'ahava kemitsvat chukeh retsonakh, ve'al te'hi tsara veyagon be'yom menuchatenu, ve'harenu be'nechemat tsion bimhera ve'yamenu, ki ata hu ba'al hanechamot, ve'af al pi she-achalnu ve'shatinu, chorban betecha hagadol ve'hakadosh lo shahakhnu, al tishkachenu lanetsakh ve'al tiznachenu la'ad, ki el melekh gadol vekadosh ata.*

אֱלֹהֵינוּ וֵאלֹהֵי אֲבוֹתֵינוּ, יַעֲלֶה וְיָבֹא יַגִּיעַ, יֵרָאֶה, וְיֵרָצֶה, יִשָּׁמַע, יִפָּקֵד, וְיִזָּכֵר זִכְרוֹנֵנוּ, וְזִכְרוֹן אֲבוֹתֵינוּ, זִכְרוֹן יְרוּשָׁלַיִם עִירָךְ וְזִכְרוֹן מָשִׁיחַ בֶּן דָּוִד עַבְדָּךְ, וְזִכְרוֹן כָּל־עַמְּךָ בֵּית יִשְׂרָאֵל לְפָנֶיךָ, לִפְלֵיטָה לְטוֹבָה לְחֵן וּלְחֶסֶד וּלְרַחֲמִים, בְּיוֹם חַג הַמַּצּוֹת הַזֶּה וּבְיוֹם־טוֹב מִקְרָא־קֹדֶשׁ הַזֶּה לְרַחֵם בּוֹ עָלֵינוּ וּלְהוֹשִׁיעֵנוּ, זָכְרֵנוּ יְיָ אֱלֹהֵינוּ בּוֹ לְטוֹבָה. וּפָקְדֵנוּ בוֹ לִבְרָכָה. וְהוֹשִׁיעֵנוּ בוֹ לְחַיִּים טוֹבִים, בִּדְבַר יְשׁוּעָה וְרַחֲמִים, חוּס וְחָנֵּנוּ, וַחֲמוֹל וְרַחֵם עָלֵינוּ וְהוֹשִׁיעֵנוּ, כִּי אֵלֶיךָ עֵינֵינוּ, כִּי אֵל מֶלֶךְ חַנּוּן וְרַחוּם אָתָּה:

וְתִבְנֶה יְרוּשָׁלַיִם עִירָךְ בִּמְהֵרָה בְיָמֵינוּ. בָּרוּךְ אַתָּה יְיָ, בּוֹנֶה בְּרַחֲמָיו בִּנְיַן יְרוּשָׁלָיִם עִיר הַקֹּדֶשׁ. אָמֵן:

בָּרוּךְ אַתָּה יְיָ, אֱלֹהֵינוּ מֶלֶךְ הָעוֹלָם, לָעַד הָאֵל, אָבִינוּ, מַלְכֵּנוּ, אַדִּירֵנוּ, בּוֹרְאֵנוּ, גּוֹאֲלֵנוּ, קְדוֹשֵׁנוּ קְדוֹשׁ יַעֲקֹב, רוֹעֵנוּ רוֹעֵה יִשְׂרָאֵל. הַמֶּלֶךְ הַטּוֹב, וְהַמֵּטִיב לַכֹּל, שֶׁבְּכָל־יוֹם וָיוֹם הוּא הֵטִיב לָנוּ, הוּא מֵטִיב לָנוּ, הוּא יֵיטִיב לָנוּ. הוּא גְמָלָנוּ, הוּא גוֹמְלֵנוּ, הוּא יִגְמְלֵנוּ לָעַד חֵן וָחֶסֶד וְרַחֲמִים וְרֶוַח וְהַצָּלָה וְכָל־טוֹב.

הָרַחֲמָן, הוּא יִשְׁתַּבַּח עַל־כִּסֵּא כְבוֹדוֹ.
הָרַחֲמָן, הוּא יִשְׁתַּבַּח בַּשָּׁמַיִם וּבָאָרֶץ.
הָרַחֲמָן, הוּא יִשְׁתַּבַּח בָּנוּ לְדוֹר דּוֹרִים.
הָרַחֲמָן, הוּא קֶרֶן לְעַמּוֹ יָרִים.
הָרַחֲמָן, הוּא יִתְפָּאַר בָּנוּ לְנֵצַח נְצָחִים.

THE SEPHARDIC FAMILY HAGGADAH

אֱלֹהֵינוּ *Elohenu ve'lohe avotenu, ya'ale veyavo yagiya, yera-eh, v'yeratseh, yishama, yipaked, veyizacher zichronenu ve'zichron avotenu, zichron Yerushalayim irakh, vezichron Mashiakh ben David a'vdakh, vezichron kol amecha bet Yisrael lefanecha lifleta letova lechen ul'chesed ul'racchamim, beyom chag hamatsot hazeh u'vyom (tov) mikra kodesh hazeh, lerachem bo alenu ul'hoshienu, zochrenu Adonai Elohenu bo letova, uf'okdenu bo livracha, ve'hoshienu bo lechayim tovim bidvar yeshua verachamim, choos ve'chonenu va'chamol verachem alenu ve'hoshienu ki elecha enenu, ki el melekh chanum ve'rachum ata.*

וְתִבְנֶה *Vetivne Yerushalayim ircha bimhera be'yamenu. Barukh ata Adonai, boneh berachamav binyan Yerushalayim ir hakodesh, amen.*

בָּרוּךְ *Barukh ata Adonai Elohenu melekh ha'olam, la'ad ha'El, avinu malkenu, adirenu, bore-enu, go'alenu, kedoshenu kedosh Yaakov ro'enu, ro'eh Yisrael, ha'melekh hatov vehametiv lakol shebechol yom vayom, hu hetiv lanu, hu metiv lanu, hu yetiv lanu, hu gemalanu, hu gomelenu, hu yigmelenu la'ad chen vachesed ve'rachamim ve'revakh ve'hatzala vechol tov.*

הָרַחֲמָן *Ha'Rachaman hu yishtabach al kiseh kevodo*

Ha'Rachaman hu yishtabakh hashamayim uva-aretz

Ha'Rachaman hu yishtabakh banu ledor dorim

Ha'Rachaman hu keren le-amo yarim

Ha'Rachaman hu yitpa-ar banu la'netsakh netsahim

הָרַחֲמָן, הוּא יְפַרְנְסֵנוּ בְּכָבוֹד וְלֹא בְּבִזּוּי, בְּהֶתֵּר וְלֹא בְּאִסּוּר, בְּנַחַת וְלֹא בְּצַעַר, בְּרֶוַח וְלֹא בְּצִמְצוּם.

הָרַחֲמָן, הוּא יִתֵּן שָׁלוֹם בֵּינֵינוּ.

הָרַחֲמָן, הוּא יִשְׁלַח בְּרָכָה רְוָחָה וְהַצְלָחָה בְּכָל־מַעֲשֵׂה יָדֵינוּ.

הָרַחֲמָן, הוּא יַצְלִיחַ אֶת־דְּרָכֵינוּ.

הָרַחֲמָן, הוּא יִשְׁבּוֹר עוֹל גָּלוּת מְהֵרָה מֵעַל־צַוָּארֵנוּ.

הָרַחֲמָן, הוּא יוֹלִיכֵנוּ מְהֵרָה קוֹמְמִיּוּת לְאַרְצֵנוּ.

הָרַחֲמָן, הוּא יִרְפָּאֵנוּ רְפוּאָה שְׁלֵמָה, רְפוּאַת הַנֶּפֶשׁ וּרְפוּאַת הַגּוּף.

הָרַחֲמָן, הוּא יִפְתַּח לָנוּ אֶת־יָדוֹ הָרְחָבָה.

הָרַחֲמָן, הוּא יְבָרֵךְ כָּל־אֶחָד וְאֶחָד מִמֶּנּוּ בִּשְׁמוֹ הַגָּדוֹל כְּמוֹ שֶׁנִּתְבָּרְכוּ אֲבוֹתֵנוּ, הַקְּדוֹשִׁים וְהַטְּהוֹרִים, אַבְרָהָם יִצְחָק וְיַעֲקֹב בַּכֹּל מִכֹּל כֹּל, כֵּן יְבָרֵךְ אוֹתָנוּ יַחַד בְּרָכָה שְׁלֵמָה וְכֵן יְהִי רָצוֹן וְנֹאמַר אָמֵן.

הָרַחֲמָן, הוּא יִפְרוֹשׂ עָלֵינוּ סֻכַּת שְׁלוֹמוֹ.

בשבת: **הָרַחֲמָן**, הוּא יַנְחִילֵנוּ עוֹלָם שֶׁכֻּלּוֹ שַׁבָּת, וּמְנוּחָה לְחַיֵּי הָעוֹלָמִים.

ביום טוב: **הָרַחֲמָן**, הוּא יַנְחִילֵנוּ יוֹם שֶׁכֻּלּוֹ טוֹב.

THE SEPHARDIC FAMILY HAGGADAH

Ha'Rachaman hu yefarnesenu bechavod velo bevizuy beheter velo be'isur, be'nahat velo betsa-ar, be'revakh velo be'tsimtsum

HaRachaman hu yiten shalom benenu

Ha'Rachaman hu yishlakh beracha revacha ve'hatslacha bechol ma-aseh yadenu

HaRachaman hu yatzliakh et derachenu

HaRachaman hu yishbor ol galut me'al tsavarenu

HaRachaman hu yolichenu komemiyut la'artsenu

HaRachaman hu yirpa-enu refuah shelemah, refuat hanefesh ur'fuat haguf

HaRachaman hu yiftakh lanu et yado harchava

HaRachaman hu ye'varekh kol echad ve'echad mimenu bishmo hagadol kemo shenitbarechu avotenu ha'kedoshim Avraham Yitshak ve Ya'akov, bakol mikol kol, ken yevarekh otanu yachad beracha shelema vechen yehi ratson venomar Amen.

HaRachaman hu yifros alenu sukat shelomo

On Shabbat:

הָרַחֲמָן *HaRachaman hu yanchilenu olam shekulo Shabbat umnucha lechaye ha'olamim.*

On the first two and last two days of Pesach:

הָרַחֲמָן *HaRachaman hu yanchilenu yom shekulo tov.*

THE SEPHARDIC FAMILY HAGGADAH

בחול המועד: הָרַחֲמָן, הוּא יַגִּיעֵנוּ לְמוֹעֲדִים וּרְגָלִים אֲחֵרִים הַבָּאִים לִקְרָאתֵנוּ לְשָׁלוֹם.

הָרַחֲמָן, הוּא יִטַּע תּוֹרָתוֹ וְאַהֲבָתוֹ בְּלִבֵּנוּ וְתִהְיֶה יִרְאָתוֹ עַל פָּנֵינוּ לְבִלְתִּי נֶחֱטָא.

האורח אומר: הָרַחֲמָן, הוּא יְבָרֵךְ אֶת־הַשֻּׁלְחָן הַזֶּה שֶׁאָכַלְנוּ עָלָיו וִיסַדֵּר בּוֹ כָּל־מַעֲדַנֵּי עוֹלָם. וְיִהְיֶה כְּשֻׁלְחָנוֹ שֶׁל־אַבְרָהָם אָבִינוּ. כָּל־רָעֵב מִמֶּנּוּ יֹאכַל וְכָל־צָמֵא מִמֶּנּוּ יִשְׁתֶּה. וְאַל יֶחְסַר מִמֶּנּוּ כָּל־טוּב לָעַד וּלְעוֹלְמֵי עוֹלָמִים, אָמֵן.

הָרַחֲמָן, הוּא יְבָרֵךְ בַּעַל הַבַּיִת הַזֶּה, וּבַעַל הַסְּעֻדָּה הַזֹּאת. הוּא וּבָנָיו וְאִשְׁתּוֹ וְכָל־אֲשֶׁר לוֹ. בְּבָנִים שֶׁיִּחְיוּ וּבִנְכָסִים שֶׁיִּרְבּוּ. בָּרֵךְ יְיָ חֵילוֹ וּפֹעַל יָדָיו תִּרְצֶה. וְיִהְיוּ נְכָסָיו וּנְכָסֵינוּ מֻצְלָחִים וּקְרוֹבִים לָעִיר. וְאַל יִזְדַּקֵּק לְפָנָיו, וְלֹא לְפָנֵינוּ, שׁוּם דְּבַר חֵטְא וְהִרְהוּר עָוֹן. שָׂשׂ וְשָׂמֵחַ כָּל־הַיָּמִים בְּעֹשֶׁר וְכָבוֹד מֵעַתָּה וְעַד עוֹלָם. לֹא יֵבוֹשׁ בָּעוֹלָם הַזֶּה וְלֹא יִכָּלֵם לָעוֹלָם הַבָּא. אָמֵן. כֵּן יְהִי רָצוֹן.

הָרַחֲמָן, הוּא יְחַיֵּינוּ וִיזַכֵּנוּ וִיקָרְבֵנוּ לִימוֹת הַמָּשִׁיחַ וּלְבִנְיַן בֵּית הַמִּקְדָּשׁ וּלְחַיֵּי הָעוֹלָם הַבָּא.

THE SEPHARDIC FAMILY HAGGADAH

On the intermediate days of Pesach:

הָרַחֲמָן *HaRachaman hu yagienu le'moadim urgalim acherim ha'baim likratenu leshalom*

הָרַחֲמָן *HaRachaman hu yita torato ve'ahavato belibenu ve'tiyeh yirato al panenu levilti necheta*

A guest says:

הָרַחֲמָן *HaRachaman hu yevarekh et hashulhan hazeh she-achalnu alav visader bo kol ma'adane olam veyiyeh keshulchano shel Avraham avinu. Kol ra'ev mimenu yochal vehol tsameh mimenu yishteh, ve'al yechsar mimenu kol tuv la'ad ulolmeh olamim, amen. HaRakhaman hu yevarekh ba'al habayit hazeh, uva-al haseudah hazot. Hu uvanav ve'ishto vechol asher lo. Be'vanim sheyichyu u'vinchasim sheyirbu. Barekh Adonai chelo ufo-al yadav tirtseh. Ve'ihiyu nechasav un'chasenu mutslachim u'krovim la'ir. Ve'al yizdakek le'fanav, velo lefanenu, shoom devar chet vehirhoor avon. Sas ve'sameakh kol hayamim be'osher vechavod me'ata ve'ad olam. Lo yevosh ba'olam hazeh velo yikalem le'olam haba. Amen, ken yehi ratson.*

הָרַחֲמָן *HaRachaman hu yechayenu vizakenu, vikarevenu limot hamashiakh u'lvinyan bet hamikdash ul'chayeh ha'olam haba.*

מִגְדּוֹל יְשׁוּעוֹת מַלְכּוֹ, וְעֹשֶׂה־חֶסֶד לִמְשִׁיחוֹ לְדָוִד וּלְזַרְעוֹ עַד עוֹלָם: כְּפִירִים רָשׁוּ וְרָעֵבוּ, וְדוֹרְשֵׁי יְיָ לֹא־יַחְסְרוּ כָל־טוֹב: נַעַר הָיִיתִי גַּם־זָקַנְתִּי וְלֹא־רָאִיתִי צַדִּיק נֶעֱזָב, וְזַרְעוֹ מְבַקֶּשׁ־לָחֶם: כָּל־הַיּוֹם חוֹנֵן וּמַלְוֶה וְזַרְעוֹ לִבְרָכָה: מַה־שֶּׁאָכַלְנוּ יִהְיֶה לְשָׂבְעָה, וּמַה־שֶּׁשָּׁתִינוּ יִהְיֶה לִרְפוּאָה, וּמַה־שֶּׁהוֹתַרְנוּ יִהְיֶה לִבְרָכָה, כְּדִכְתִיב, וַיִּתֵּן לִפְנֵיהֶם וַיֹּאכְלוּ וַיּוֹתִירוּ כִּדְבַר יְיָ: בְּרוּכִים אַתֶּם לַיְיָ עוֹשֵׂה שָׁמַיִם וָאָרֶץ: בָּרוּךְ הַגֶּבֶר אֲשֶׁר יִבְטַח בַּיְיָ, וְהָיָה יְיָ מִבְטַחוֹ: יְיָ עֹז לְעַמּוֹ יִתֵּן, יְיָ יְבָרֵךְ אֶת־עַמּוֹ בַשָּׁלוֹם:

כִּי־הִשְׂבִּיעַ נֶפֶשׁ שֹׁקֵקָה וְנֶפֶשׁ רְעֵבָה מִלֵּא־טוֹב: הוֹדוּ לַיְיָ כִּי טוֹב, כִּי לְעוֹלָם חַסְדּוֹ: הוֹדוּ לַיְיָ כִּי טוֹב, כִּי לְעוֹלָם חַסְדּוֹ: הַשָּׁמַיִם שָׁמַיִם לַיְיָ, וְהָאָרֶץ נָתַן לִבְנֵי אָדָם:

עֹשֶׂה שָׁלוֹם בִּמְרוֹמָיו, הוּא בְּרַחֲמָיו יַעֲשֶׂה שָׁלוֹם, עָלֵינוּ וְעַל־כָּל־עַמּוֹ יִשְׂרָאֵל, וְאִמְרוּ אָמֵן:

כוס שלישי

סַבְרִי מָרָנָן: (עונים: לְחַיִּים)

בָּרוּךְ אַתָּה יְיָ, אֱלֹהֵינוּ מֶלֶךְ הָעוֹלָם, בּוֹרֵא פְּרִי הַגֶּפֶן:

וצריך לכוון בברכת בו"פ הגפן של כוס שלישי זה,
לפטור גם כוס רביעי אם לא מברך ברכה רביעית:

מִגְדּוֹל *Migdol yeshuot malko, ve'oseh chesed limshicho leDavid ulzaro ad olam. Kefirim rashu vera-evu vedoresheh Adonai lo yakhseru hol tov. Na'ar hayiti gam zakanti velo ra-iti tsadik ne-ezav vezar-o mevakesh lachem. Kol hayom chonen umalveh vezaro livracha. Ma she-achalnu yiyeh lesova, uma sheshatinu yiyeh lirfua, uma shehotarnu yiyeh livracha kedichtiv vayiten lifnehem vayochelu vayotiru kidvar Adonai: Beruchim atem L'Adonai ose shamayim va'arets. Barukh hagever asher yivtakh b'Adonai ve'haya Adonai mivtacho. Adonai oz le'amo yiten Adonai yevarekh et amo bashalom.*

כִּי־הִשְׂבִּיעַ *Ki hisbia nefesh shokeka venefesh re'eva mileh tov. Hodu L'Adonai ki tov ki le'olam chasdo. Hodu L'Adonai ki tov ki le'olam chasdo. Hashamayim shamayim L'Adonai ve'ha-arets natan livne adam.*

עֹשֶׂה *Ose shalom bimromav hu berachamav ya'aseh shalom alenu ve'al kol amo Yisrael ve-imru Amen.*

Raise the third cup of wine and say:

סַבְרִי *Savri maranan: Barukh ata Adonai, Elohenu melekh ha'olam, boreh peri hagefen.*

Drink the third glass of wine

הַלֵּל

שְׁפֹךְ חֲמָתְךָ עַל־הַגּוֹיִם, אֲשֶׁר־לֹא־יְדָעוּךָ וְעַל־מַמְלָכוֹת אֲשֶׁר בְּשִׁמְךָ לֹא קָרָאוּ: כִּי אָכַל אֶת־יַעֲקֹב. וְאֶת־נָוֵהוּ הֵשַׁמּוּ:

לֹא לָנוּ יְיָ לֹא־לָנוּ כִּי לְשִׁמְךָ תֵּן כָּבוֹד, עַל־חַסְדְּךָ עַל־אֲמִתֶּךָ. לָמָּה יֹאמְרוּ הַגּוֹיִם, אַיֵּה־נָא אֱלֹהֵיהֶם. וֵאלֹהֵינוּ בַשָּׁמָיִם כֹּל אֲשֶׁר־חָפֵץ עָשָׂה. עֲצַבֵּיהֶם כֶּסֶף וְזָהָב, מַעֲשֵׂה יְדֵי אָדָם. פֶּה־לָהֶם וְלֹא יְדַבֵּרוּ, עֵינַיִם לָהֶם וְלֹא יִרְאוּ. אָזְנַיִם לָהֶם וְלֹא יִשְׁמָעוּ, אַף לָהֶם וְלֹא יְרִיחוּן. יְדֵיהֶם וְלֹא יְמִישׁוּן, רַגְלֵיהֶם וְלֹא יְהַלֵּכוּ, לֹא־יֶהְגּוּ בִּגְרוֹנָם. כְּמוֹהֶם יִהְיוּ עֹשֵׂיהֶם, כֹּל אֲשֶׁר־בֹּטֵחַ בָּהֶם: יִשְׂרָאֵל בְּטַח בַּיָי, עֶזְרָם וּמָגִנָּם הוּא. בֵּית אַהֲרֹן בִּטְחוּ בַיָי, עֶזְרָם וּמָגִנָּם הוּא. יִרְאֵי יְיָ בִּטְחוּ בַיָי, עֶזְרָם וּמָגִנָּם הוּא:

יְיָ זְכָרָנוּ יְבָרֵךְ, יְבָרֵךְ אֶת־בֵּית יִשְׂרָאֵל, יְבָרֵךְ אֶת־בֵּית אַהֲרֹן. יְבָרֵךְ יִרְאֵי יְיָ, הַקְּטַנִּים עִם־הַגְּדֹלִים. יֹסֵף יְיָ עֲלֵיכֶם, עֲלֵיכֶם וְעַל־בְּנֵיכֶם. בְּרוּכִים אַתֶּם לַיָי, עֹשֵׂה שָׁמַיִם וָאָרֶץ. הַשָּׁמַיִם שָׁמַיִם לַיָי, וְהָאָרֶץ נָתַן לִבְנֵי־אָדָם. לֹא הַמֵּתִים יְהַלְלוּ־יָהּ, וְלֹא כָּל־יֹרְדֵי דוּמָה. וַאֲנַחְנוּ נְבָרֵךְ יָהּ, מֵעַתָּה וְעַד־עוֹלָם, הַלְלוּיָהּ: (תהילים קטו)

THE SEPHARDIC FAMILY HAGGADAH

HALLEL — הַלֵּל

Fill the fourth glass of wine:

SHEFOCH — שְׁפֹךְ

Pour out Your wrath upon the nations that know You not, and upon the kingdoms that call not upon Your name: for they have devoured Jacob and laid waste his dwelling place.

LO LANU — לֹא לָנוּ

Not unto us, O Lord, not unto us, but unto your Name give glory, for Your truth's sake. Why should the nations say, Where is now their God? But our God is in the heavens; He does whatever He desires. Their idols are silver and gold, the work of men's hands. They have mouths, but they speak not; eyes, but they see not. They have ears, but they hear not; noses, but they smell not. They have hands, but they feel not; feet, but they walk not; neither do they speak through their throat. They that make them will become like them; so will everyone that trusts in them. O Israel, trust in the Lord, He is their help and their shield. You who fear the Lord, trust in the Lord, He is their help and their shield.

ADONAI ZEKHARANU — יְיָ זְכָרָנוּ

The Lord has been mindful of us; He will bless us; He will bless the house of Israel, He will bless the house of Aaron. He will bless those who fear the Lord, both small and great. May the Lord increase you more and more; you, and your children. You are blessed of the Lord: who made heaven and earth. The heavens are the heavens of the Lord: but the earth He has given to the children of men. The dead praise not the Lord, nor those who go down into the silence of the grave. But we will bless the Lord from this time forth and for evermore. Praise the Lord. (Tehilim 115)

אָהַבְתִּי כִּי־יִשְׁמַע יְיָ, אֶת־קוֹלִי תַּחֲנוּנָי. כִּי־הִטָּה אָזְנוֹ לִי וּבְיָמַי אֶקְרָא: אֲפָפוּנִי חֶבְלֵי־מָוֶת, וּמְצָרֵי שְׁאוֹל מְצָאוּנִי צָרָה וְיָגוֹן אֶמְצָא. וּבְשֵׁם־יְיָ אֶקְרָא, אָנָּה יְיָ מַלְּטָה נַפְשִׁי. חַנּוּן יְיָ וְצַדִּיק, וֵאלֹהֵינוּ מְרַחֵם. שֹׁמֵר פְּתָאִים יְיָ דַּלּוֹתִי וְלִי יְהוֹשִׁיעַ. שׁוּבִי נַפְשִׁי לִמְנוּחָיְכִי, כִּי־יְיָ גָּמַל עָלָיְכִי. כִּי חִלַּצְתָּ נַפְשִׁי מִמָּוֶת אֶת עֵינִי מִן־דִּמְעָה, אֶת־רַגְלִי מִדֶּחִי. אֶתְהַלֵּךְ לִפְנֵי יְיָ, בְּאַרְצוֹת הַחַיִּים. הֶאֱמַנְתִּי כִּי אֲדַבֵּר, אֲנִי עָנִיתִי מְאֹד. אֲנִי אָמַרְתִּי בְחָפְזִי כָּל־הָאָדָם כֹּזֵב.

מָה אָשִׁיב לַייָ, כָּל־תַּגְמוּלוֹהִי עָלָי. כּוֹס־יְשׁוּעוֹת אֶשָּׂא, וּבְשֵׁם יְיָ אֶקְרָא. נְדָרַי לַייָ אֲשַׁלֵּם, נֶגְדָה־נָּא לְכָל־עַמּוֹ. יָקָר בְּעֵינֵי יְיָ הַמָּוְתָה לַחֲסִידָיו. אָנָּה יְיָ כִּי אֲנִי עַבְדֶּךָ אֲנִי עַבְדְּךָ, בֶּן אֲמָתֶךָ פִּתַּחְתָּ לְמוֹסֵרָי. לְךָ אֶזְבַּח זֶבַח תּוֹדָה וּבְשֵׁם יְיָ אֶקְרָא. נְדָרַי לַייָ אֲשַׁלֵּם נֶגְדָה־נָּא לְכָל־עַמּוֹ. בְּחַצְרוֹת בֵּית יְיָ בְּתוֹכֵכִי יְרוּשָׁלָיִם הַלְלוּיָהּ.

הַלְלוּ אֶת יְיָ, כָּל־גּוֹיִם, שַׁבְּחוּהוּ כָּל־הָאֻמִּים. כִּי גָבַר עָלֵינוּ חַסְדּוֹ, וֶאֱמֶת־יְיָ לְעוֹלָם הַלְלוּיָהּ: (תהילים קטז)

AHAVTI — אָהַבְתִּי

I love the Lord because He has heard my voice and my prayers. Because He has inclined His ear to me, therefore will I call upon Him all my days. The cords of death compassed me, and the confines of the grave took hold of me: I found troubles and sorrow. Then I called upon the name of the Lord, saying, O Lord I beseech You, deliver my soul. Gracious is the Lord and righteous; our God is merciful. The Lord preserves the simple: I was brought low, and He helped me. Return unto your rest, O my soul, for the Lord has dealt bountifully with you. For You have delivered my soul from death, my eyes from tears, and my feet from stumbling. I will walk before the Lord in the land of the living. I trust, even when I say I am greatly suffering; even when I said in my haste that all men are deceivers.

MA ASHIV — מָה אָשִׁיב

How can I repay the Lord for all His kindness towards me? I will lift up the cup of salvation, and call upon the name of the Lord. I will pay my vows unto the Lord now in the presence of all His people. Precious in the sight of the Lord is the death of His pious servants; O Lord, truly I am Your servant; I am Your servant, the son of Your handmaid; You have loosened my bonds. I will offer to You the sacrifice of thanksgiving; and will call upon the name of the Lord. I will pay my vows unto the Lord now in the presence of all His people. In the courts of the Lord's house, in Your midst, O Jerusalem. Praise the Lord.

HALLELU — הַלְלוּ

O praise the Lord, all nations; laud Him, all peoples. For His merciful kindness is great towards us; and the truth of the Lord endures forever. Praise the Lord.

הוֹדוּ לַייָ כִּי טוֹב, כִּי לְעוֹלָם חַסְדּוֹ:
יֹאמַר־נָא יִשְׂרָאֵל, כִּי לְעוֹלָם חַסְדּוֹ:
יֹאמְרוּ־נָא בֵית אַהֲרֹן, כִּי לְעוֹלָם חַסְדּוֹ:
יֹאמְרוּ־נָא יִרְאֵי יְיָ, כִּי לְעוֹלָם חַסְדּוֹ:
(תהילים קיז)

מִן הַמֵּצַר קָרָאתִי יָּהּ, עָנָנִי בַמֶּרְחָב יָהּ. יְיָ לִי לֹא אִירָא, מַה־יַּעֲשֶׂה לִי אָדָם. יְיָ לִי בְּעֹזְרָי, וַאֲנִי אֶרְאֶה בְשֹׂנְאָי. טוֹב לַחֲסוֹת בַּייָ, מִבְּטֹחַ בָּאָדָם. טוֹב לַחֲסוֹת בַּייָ מִבְּטֹחַ בִּנְדִיבִים. כָּל־גּוֹיִם סְבָבוּנִי בְּשֵׁם יְיָ כִּי אֲמִילַם. סַבּוּנִי גַם־סְבָבוּנִי בְּשֵׁם יְיָ כִּי אֲמִילַם. סַבּוּנִי כִדְבֹרִים דֹּעֲכוּ כְּאֵשׁ קוֹצִים, בְּשֵׁם יְיָ כִּי אֲמִילַם. דָּחֹה דְחִיתַנִי לִנְפֹּל, וַייָ עֲזָרָנִי. עָזִּי וְזִמְרָת יָהּ, וַיְהִי־לִי לִישׁוּעָה. קוֹל רִנָּה וִישׁוּעָה בְּאָהֳלֵי צַדִּיקִים, יְמִין יְיָ עֹשָׂה חָיִל. יְמִין יְיָ רוֹמֵמָה, יְמִין יְיָ עֹשָׂה חָיִל. לֹא־אָמוּת כִּי־אֶחְיֶה, וַאֲסַפֵּר מַעֲשֵׂי יָהּ. יַסֹּר יִסְּרַנִּי יָּהּ, וְלַמָּוֶת לֹא נְתָנָנִי. פִּתְחוּ־לִי שַׁעֲרֵי־צֶדֶק, אָבֹא־בָם אוֹדֶה יָהּ. זֶה־הַשַּׁעַר לַייָ, צַדִּיקִים יָבֹאוּ בוֹ.

THE SEPHARDIC FAMILY HAGGADAH

HODU — הוֹדוּ

Thank the Lord, for He is good: His mercy endures forever. Let Israel say: His mercy endures forever. Let the house of Aaron say: His mercy endures forever. Let them that fear the Lord say: His mercy endures forever (Tehilim 117)

MIN HAMETZAR — מִן הַמֵּצַר

I called upon the Lord from narrow confines; the Lord answered me with great freedom. The Lord is for me, I will not fear; what can man do to me? The Lord is for me, through my helpers; therefore I can face my enemies. It is better to trust in the Lord than to rely on man. It is better to trust in the Lord than to rely on princes. All nations compass me, but in the Name of the Lord I destroy them. They compass me about, they swarm around me, but in the Name of the Lord I destroy them. They swarm around me like bees; they are extinguished like a fire of thorns. In the Name of the Lord I destroy them. You struck me again and again, to make me fall, but the Lord helped me. The Lord is my strength and song, and is become my salvation. The voice of rejoicing and salvation echoes in the tents of the righteous: The right hand of the Lord does valiantly. The right hand of the Lord is exalted; the right hand of the Lord does valiantly. I shall not die, but live and declare the works of the Lord. The Lord has chastened me sore, but he has not given me over to death. Open to me the gates of righteousness: I will go through them, and I will praise the Lord. This is the gate of the Lord, the righteous shall enter.

אוֹדְךָ כִּי עֲנִיתָנִי, וַתְּהִי־לִי לִישׁוּעָה. (2)

אֶבֶן מָאֲסוּ הַבּוֹנִים, הָיְתָה לְרֹאשׁ פִּנָּה. (2)

מֵאֵת יְיָ הָיְתָה זֹּאת, הִיא נִפְלָאת בְּעֵינֵינוּ. (2)

זֶה־הַיּוֹם עָשָׂה יְיָ, נָגִילָה וְנִשְׂמְחָה בוֹ. (2)

אָנָּא יְיָ הוֹשִׁיעָה נָּא, אָנָּא יְיָ הוֹשִׁיעָה נָּא:

אָנָּא יְיָ הַצְלִיחָה נָא, אָנָּא יְיָ הַצְלִיחָה נָא:

בָּרוּךְ הַבָּא בְּשֵׁם יְיָ, בֵּרַכְנוּכֶם מִבֵּית יְיָ. (2)

אֵל יְיָ וַיָּאֶר לָנוּ, אִסְרוּ־חַג בַּעֲבֹתִים, עַד־קַרְנוֹת הַמִּזְבֵּחַ. (2)

אֵלִי אַתָּה וְאוֹדֶךָּ אֱלֹהַי אֲרוֹמְמֶךָּ. (2)

הוֹדוּ לַיְיָ כִּי טוֹב, כִּי לְעוֹלָם חַסְדּוֹ. (2)

(תהילים קיח)

הוֹדוּ לַיְיָ כִּי־טוֹב, כִּי לְעוֹלָם חַסְדּוֹ:
הוֹדוּ לֵאלֹהֵי הָאֱלֹהִים, כִּי לְעוֹלָם חַסְדּוֹ:
הוֹדוּ לַאֲדֹנֵי הָאֲדֹנִים, כִּי לְעוֹלָם חַסְדּוֹ:

ODEKHA KI ANITANI — אוֹדְךָ כִּי עֲנִיתָנִי

I will give thanks unto You, for You have answered me, and become my salvation. (2)
The stone which the builders rejected has become the headstone of the corner. (2)
This is the Lord's doing; it is marvelous in our eyes. (2)
This is the day which the Lord has made, we will rejoice and delight in it. (2)

ANA ADONAI — אָנָּא יְיָ

O, Lord, save us! *Ana Adonay hoshi'a na!* (2)
O, Lord, save us! *Ana Adonay hoshi'a na!* (2)
O, Lord, make us prosper! *Ana Adonay hatzlicha na!* (2)
O, Lord, make us prosper! *Ana Adonay hatzlicha na!* (2)

BARUH HABA — בָּרוּךְ הַבָּא

Blessed be he that comes in the name of the Lord; we bless you from the house of the Lord. (2)
The Lord is God; He causes light to shine upon us. Bind the sacrifice with cords to the horns of the altar. (2)
You are my God, and I will give thanks unto You; You are my God, I will exalt You. (2)
Give thanks to the Lord, for He is good, for His kindness endures for ever. (2)

HODU L'ADONAI — הוֹדוּ לַיְיָ

Give thanks to the Lord, for He is good:
                    for His mercy endures forever.
Give thanks to the God of gods:
                    for His mercy endures forever.
Give thanks to the Lord of lords:
                    for His mercy endures forever.

לְעֹשֵׂה נִפְלָאוֹת גְּדֹלוֹת לְבַדּוֹ, כִּי לְעוֹלָם חַסְדּוֹ:
לְעֹשֵׂה הַשָּׁמַיִם בִּתְבוּנָה, כִּי לְעוֹלָם חַסְדּוֹ:
לְרוֹקַע הָאָרֶץ עַל־הַמָּיִם, כִּי לְעוֹלָם חַסְדּוֹ:
לְעֹשֵׂה אוֹרִים גְּדֹלִים, כִּי לְעוֹלָם חַסְדּוֹ:
אֶת־הַשֶּׁמֶשׁ לְמֶמְשֶׁלֶת בַּיּוֹם, כִּי לְעוֹלָם חַסְדּוֹ:
אֶת־הַיָּרֵחַ וְכוֹכָבִים לְמֶמְשְׁלוֹת בַּלָּיְלָה,
כִּי לְעוֹלָם חַסְדּוֹ:
לְמַכֵּה מִצְרַיִם בִּבְכוֹרֵיהֶם, כִּי לְעוֹלָם חַסְדּוֹ:
וַיּוֹצֵא יִשְׂרָאֵל מִתּוֹכָם, כִּי לְעוֹלָם חַסְדּוֹ:
בְּיָד חֲזָקָה וּבִזְרוֹעַ נְטוּיָה, כִּי לְעוֹלָם חַסְדּוֹ:
לְגֹזֵר יַם־סוּף לִגְזָרִים, כִּי לְעוֹלָם חַסְדּוֹ:
וְהֶעֱבִיר יִשְׂרָאֵל בְּתוֹכוֹ, כִּי לְעוֹלָם חַסְדּוֹ:
וְנִעֵר פַּרְעֹה וְחֵילוֹ בְּיַם־סוּף, כִּי לְעוֹלָם חַסְדּוֹ:
לְמוֹלִיךְ עַמּוֹ בַּמִּדְבָּר, כִּי לְעוֹלָם חַסְדּוֹ:
לְמַכֵּה מְלָכִים גְּדֹלִים, כִּי לְעוֹלָם חַסְדּוֹ:
וַיַּהֲרֹג מְלָכִים אַדִּירִים, כִּי לְעוֹלָם חַסְדּוֹ:
לְסִיחוֹן מֶלֶךְ הָאֱמֹרִי, כִּי לְעוֹלָם חַסְדּוֹ:
וּלְעוֹג מֶלֶךְ הַבָּשָׁן, כִּי לְעוֹלָם חַסְדּוֹ:
וְנָתַן אַרְצָם לְנַחֲלָה, כִּי לְעוֹלָם חַסְדּוֹ:
נַחֲלָה לְיִשְׂרָאֵל עַבְדּוֹ, כִּי לְעוֹלָם חַסְדּוֹ:
שֶׁבְּשִׁפְלֵנוּ זָכַר לָנוּ, כִּי לְעוֹלָם חַסְדּוֹ:

THE SEPHARDIC FAMILY HAGGADAH

Who alone does great wonders:
>for His mercy endures forever.

Who with wisdom made the heavens:
>for His mercy endures forever.

Who stretched out the earth above the waters:
>for His mercy endures forever.

Who made the great lights:
>for His mercy endures forever.

The sun to rule by day: for His mercy endures forever.

The moon and stars to rule by night:
>for His mercy endures forever.

Who smote Egypt through their first-born:
>for His mercy endures forever.

And liberated Israel from their midst:
>for His mercy endures forever.

With a strong hand and an outstretched arm:
>for His mercy endures forever.

Who divided the Sea of Reeds into parts:
>for His mercy endures forever.

Who made Israel pass through the midst of it:
>for His mercy endures forever.

But threw Pharaoh and his host in the Sea of Reeds:
>for His mercy endures forever.

Who let His people through the wilderness:
>for His mercy endures forever.

Who smote great kings: for His mercy endures forever.

And slew mighty rulers: for His mercy endures forever.

Sihon, king of the Emorites:
>for His mercy endures forever.

And Og, king of Bashan: for His mercy endures forever.

And gave their land for an inheritance:
>for His mercy endures forever.

As an inheritance for His servant Israel:
>for His mercy endures forever.

Who remembered us in our lowliness:
>for His mercy endures forever.

וַיִּפְרְקֵנוּ מִצָּרֵינוּ, כִּי לְעוֹלָם חַסְדּוֹ:
נוֹתֵן לֶחֶם לְכָל־בָּשָׂר, כִּי לְעוֹלָם חַסְדּוֹ:
הוֹדוּ לְאֵל הַשָּׁמָיִם, כִּי לְעוֹלָם חַסְדּוֹ:

נִשְׁמַת כָּל־חַי, תְּבָרֵךְ אֶת־שִׁמְךָ יְיָ אֱלֹהֵינוּ. וְרוּחַ כָּל־בָּשָׂר, תְּפָאֵר וּתְרוֹמֵם זִכְרְךָ מַלְכֵּנוּ תָּמִיד, מִן־הָעוֹלָם וְעַד־הָעוֹלָם אַתָּה אֵל. וּמִבַּלְעָדֶיךָ אֵין לָנוּ מֶלֶךְ גּוֹאֵל וּמוֹשִׁיעַ, פּוֹדֶה וּמַצִּיל וְעוֹנֶה וּמְרַחֵם, בְּכָל־עֵת צָרָה וְצוּקָה. אֵין לָנוּ מֶלֶךְ עוֹזֵר וְסוֹמֵךְ אֶלָּא אָתָּה:

אֱלֹהֵי הָרִאשׁוֹנִים וְהָאַחֲרוֹנִים, אֱלוֹהַּ כָּל־בְּרִיּוֹת, אֲדוֹן כָּל־תּוֹלָדוֹת, הַמְּהֻלָּל בְּכָל־הַתִּשְׁבָּחוֹת, הַמְנַהֵג עוֹלָמוֹ בְּחֶסֶד, וּבְרִיּוֹתָיו בְּרַחֲמִים. וַיְיָ לֹא־יָנוּם וְלֹא־יִישָׁן, הַמְּעוֹרֵר יְשֵׁנִים וְהַמֵּקִיץ נִרְדָּמִים, מְחַיֵּה מֵתִים וְרוֹפֵא חוֹלִים פּוֹקֵחַ עִוְרִים וְזוֹקֵף כְּפוּפִים הַמֵּשִׂיחַ אִלְּמִים, וְהַמְפַעְנֵחַ נֶעֱלָמִים (וּ)לְךָ לְבַדְּךָ אֲנַחְנוּ מוֹדִים.

וְאִלּוּ פִינוּ מָלֵא שִׁירָה כַּיָּם, וּלְשׁוֹנֵנוּ רִנָּה כַּהֲמוֹן גַּלָּיו, וְשִׂפְתוֹתֵינוּ שֶׁבַח כְּמֶרְחֲבֵי רָקִיעַ, וְעֵינֵינוּ מְאִירוֹת כַּשֶּׁמֶשׁ וְכַיָּרֵחַ, וְיָדֵינוּ פְרוּשׂוֹת כְּנִשְׁרֵי שָׁמָיִם, וְרַגְלֵינוּ קַלּוֹת כָּאַיָּלוֹת. אֵין אֲנַחְנוּ מַסְפִּיקִים, לְהוֹדוֹת לְךָ יְיָ אֱלֹהֵינוּ, וּלְבָרֵךְ אֶת־שִׁמְךָ מַלְכֵּנוּ עַל־אַחַת מֵאֶלֶף אַלְפֵי אֲלָפִים וְרוֹב רִבֵּי רְבָבוֹת פְּעָמִים הַטּוֹבוֹת, נִסִּים וְנִפְלָאוֹת, שֶׁעָשִׂיתָ עִמָּנוּ וְעִם־אֲבוֹתֵינוּ. מִלְּפָנִים. מִמִּצְרַיִם גְּאַלְתָּנוּ יְיָ אֱלֹהֵינוּ, מִבֵּית עֲבָדִים פְּדִיתָנוּ, בְּרָעָב זַנְתָּנוּ, וּבְשָׂבָע

And delivered us from our enemies:
for His mercy endures forever.
Who gives food to all creatures:
for His mercy endures forever.
Give thanks to the God of heaven:
for His mercy endures forever.
(Tehilim 136)

NISHMAT — נִשְׁמַת

The soul of all living shall bless Your Name, O Lord, our God, and the spirit of all flesh shall continually glorify and extol Your remembrance, O our King. From everlasting to everlasting You are God; and beside You we have no king, redeemer, or savior to redeem, deliver, answer, or have mercy on us in all times of trouble and distress; we have no king to aid and support us but You.

ELOHEH HARISHONIM — אֱלֹהֵי הָרִאשׁוֹנִים

God of the first and last, God of all creation, Lord of all generations, who is extolled with all manner of praise; who guides Your world with tenderness and Your creatures with mercy. The Lord is ever awake, He neither slumbers nor sleeps. He wakes those who sleep, rouses those who slumber; revives the dead, heals the sick, opens the eyes of the blind and raises those who are bowed down. He makes the dumb speak and reveals hidden things; and therefore unto You alone do we give thanks.

VE'ILU FINU — וְאִלּוּ פִּינוּ

With our mouth filled with song as the sea is with water, our tongues with exaltation as its waves in their multitude, our lips with praise as the wide heaven; our eyes shining like the sun or the moon; and our hands spread out like the eagles of heaven; and our feet swift as the hind's, we should still be unable to thank You sufficiently, Lord our God, or to bless Your Name, O our King, for even one of the thousands and tens of thousands

כִּלְכַּלְתָּנוּ, מֵחֶרֶב הִצַּלְתָּנוּ, וּמִדֶּבֶר מִלַּטְתָּנוּ, וּמֵחֳלָיִם רָעִים וְנֶאֱמָנִים וְרַבִּים דִּלִּיתָנוּ: עַד־הֵנָּה עֲזָרוּנוּ רַחֲמֶיךָ, וְלֹא עֲזָבוּנוּ חֲסָדֶיךָ עַל־כֵּן אֵבָרִים שֶׁפִּלַּגְתָּ בָּנוּ, וְרוּחַ וּנְשָׁמָה שֶׁנָּפַחְתָּ בְּאַפֵּינוּ, וְלָשׁוֹן אֲשֶׁר שַׂמְתָּ בְּפִינוּ.

הֵן הֵם יוֹדוּ וִיבָרְכוּ וִישַׁבְּחוּ וִיפָאֲרוּ וִישׁוֹרְרוּ אֶת שִׁמְךָ מַלְכֵּנוּ תָּמִיד, כִּי כָל־פֶּה לְךָ יוֹדֶה, וְכָל־לָשׁוֹן לְךָ תְּשַׁבֵּחַ, וְכָל־עַיִן לְךָ תְּצַפֶּה, וְכָל־בֶּרֶךְ לְךָ תִכְרַע, וְכָל־קוֹמָה לְפָנֶיךָ תִשְׁתַּחֲוֶה. וְהַלְּבָבוֹת יִירָאוּךָ, וְהַקֶּרֶב וְהַכְּלָיוֹת יְזַמְּרוּ לִשְׁמֶךָ. כַּדָּבָר שֶׁנֶּאֱמַר, כָּל עַצְמוֹתַי תֹּאמַרְנָה יְיָ מִי כָמוֹךָ. מַצִּיל עָנִי מֵחָזָק מִמֶּנּוּ, וְעָנִי וְאֶבְיוֹן מִגֹּזְלוֹ:

שַׁוְעַת עֲנִיִּים אַתָּה תִּשְׁמַע, צַעֲקַת הַדַּל תַּקְשִׁיב וְתוֹשִׁיעַ. וְכָתוּב, רַנְּנוּ צַדִּיקִים בַּיְיָ, לַיְשָׁרִים נָאוָה תְהִלָּה.

בְּפִי **יְ** שָׁרִים תִּתְ **ר** וֹמָם.

וּבְשִׂפְתֵי **צַ** דִּיקִים תִּתְ **בָּ** רַךְ.

וּבִלְשׁוֹן **חֲ** סִידִים תִּתְ **קַ** דָּשׁ.

וּבְקֶרֶב **קְ** דוֹשִׁים תִּתְ **הַ** לָּל:

of bounties, signs, and wonders which You have done for us and for our fathers. From days of yore, from Egypt, Lord our God, You redeemed us and from the house of bondage and released us. In time of famine, You fed us, and in plenty, sustained us. From the sword You rescued us, from pestilence saved us, and from many evil diseases delivered us. Hitherto, Your tender mercies have supported us, and Your loving-kindness has not forsaken us; therefore, the limbs which You have branched out in us, the spirit and souls which You have breathed into our nostrils, and the tongues which You have placed in our mouth.

HEN HEM YODU — הֵן הֵם יוֹדוּ

They shall continually give thanks, bless, praise, glorify, and sing Your name, our King; for every mouth shall give thanks to You, every tongue shall praise You, and every eye wait for You. To You every knee shall bend, and all that is lofty shall bow down before You. All hearts shall fear You, and the inner being shall sing praise unto Your name; as it is written: "All my bones shall say: 'O Lord, who is like You, who delivers the poor from he who is stronger than him; the poor and needy from he who robs him!'

SHAV-AT ANIYIM — שַׁוְעַת עֲנִיִּים

You hear the cry of the afflicted and hearken to the outcry of the poor and save them. And it is written: "Rejoice in the Lord, you righteous, for praise becomes the upright." (Tehilim 33:1)

BEFI YESHARIM — בְּפִי יְשָׁרִים

By the mouth of the upright shall You be extolled, blessed by the lips of the righteous, sanctified by the tongue of the pious, and in the midst of the holy ones shall You be praised.

בְּמִקְהֲלוֹת רִבְבוֹת עַמְּךָ בֵּית יִשְׂרָאֵל, שֶׁכֵּן חוֹבַת כָּל־הַיְצוּרִים לְפָנֶיךָ, יְיָ אֱלֹהֵינוּ וֵאלֹהֵי אֲבוֹתֵינוּ, לְהוֹדוֹת לְהַלֵּל לְשַׁבֵּחַ לְפָאֵר לְרוֹמֵם לְהַדֵּר וּלְנַצֵּחַ, עַל־כָּל־דִּבְרֵי שִׁירוֹת וְתִשְׁבְּחוֹת דָּוִד בֶּן־יִשַׁי, עַבְדְּךָ מְשִׁיחֶךָ:

וּבְכֵן, יִשְׁתַּבַּח שִׁמְךָ לָעַד מַלְכֵּנוּ, הָאֵל הַמֶּלֶךְ הַגָּדוֹל וְהַקָּדוֹשׁ בַּשָּׁמַיִם וּבָאָרֶץ. כִּי לְךָ נָאֶה, יְיָ אֱלֹהֵינוּ וֵאלֹהֵי אֲבוֹתֵינוּ לְעוֹלָם וָעֶד: שִׁיר וּשְׁבָחָה, הַלֵּל וְזִמְרָה, עֹז וּמֶמְשָׁלָה, נֶצַח, גְּדֻלָּה וּגְבוּרָה, תְּהִלָּה וְתִפְאֶרֶת, קְדֻשָּׁה וּמַלְכוּת. בְּרָכוֹת וְהוֹדָאוֹת לְשִׁמְךָ הַגָּדוֹל וְהַקָּדוֹשׁ וּמֵעוֹלָם וְעַד־עוֹלָם אַתָּה אֵל.

יְהַלְלוּךָ יְיָ אֱלֹהֵינוּ כָּל־מַעֲשֶׂיךָ, וַחֲסִידֶיךָ וְצַדִּיקִים עוֹשֵׂי רְצוֹנֶךָ, וְעַמְּךָ בֵּית יִשְׂרָאֵל כֻּלָּם בְּרִנָּה יוֹדוּ וִיבָרְכוּ וִישַׁבְּחוּ וִיפָאֲרוּ אֶת־שֵׁם כְּבוֹדֶךָ. כִּי לְךָ טוֹב לְהוֹדוֹת וּלְשִׁמְךָ נָעִים לְזַמֵּר, וּמֵעוֹלָם וְעַד עוֹלָם אַתָּה אֵל. בָּרוּךְ אַתָּה יְיָ, מֶלֶךְ מְהֻלָּל בַּתִּשְׁבָּחוֹת, אָמֵן.

THE SEPHARDIC FAMILY HAGGADAH

BEMIKHALOT — בְּמִקְהֲלוֹת

In the assemblies of the myriads of Your people, the house of Israel; for such is the duty of all creatures towards You, O Lord, our God and the God of our fathers, to render thanks, to praise, extol, glorify, exalt and give You glory and victory, even beyond all the words of song and praise of Your servant David, son of Jesse, Your anointed.

U'VCHEN YISHTABACH — וּבְכֵן יִשְׁתַּבַּח

And thus, praised for ever be Your Name, O our King, great holy and sovereign God, in heaven and upon earth; for to You, Lord our God and God of our fathers, belong for evermore song and praise, hymn and psalm, strength and dominion, victory, greatness and might, adoration and glory, holiness and majesty, blessings and thanksgivings to Your great and holy Name: for from eternity to eternity You are God.

YE'HALELUKHA — יְהַלְלוּךָ

All your works, O Lord our God, shall praise You; Your pious servants, the righteous who do Your will and Your people, the house of Israel, shall together, with joyful song, give thanks, bless, praise, and exalt Your glorious Name: for it is good to give thanks to You and pleasant to sing praise to Your Name, for You are God from everlasting to everlasting. Blessed are You, O Lord, King extolled with praises.

לפי שיטת הרמב"ם מברכים:

סַבְרִי מָרָנָן: (עונים לְחַיִּים)

בָּרוּךְ אַתָּה יְיָ, אֱלֹהֵינוּ מֶלֶךְ הָעוֹלָם בּוֹרֵא פְּרִי הַגֶּפֶן:

מברכים ברכה אחרונה

בָּרוּךְ אַתָּה יְיָ, אֱלֹהֵינוּ מֶלֶךְ הָעוֹלָם עַל־הַגֶּפֶן וְעַל־פְּרִי הַגֶּפֶן. וְעַל־תְּנוּבַת הַשָּׂדֶה, וְעַל־אֶרֶץ חֶמְדָּה טוֹבָה וּרְחָבָה, שֶׁרָצִיתָ וְהִנְחַלְתָּ לַאֲבוֹתֵינוּ, לֶאֱכוֹל מִפִּרְיָהּ וְלִשְׂבּוֹעַ מִטּוּבָהּ. רַחֵם יְיָ אֱלֹהֵינוּ עָלֵינוּ וְעַל־יִשְׂרָאֵל עַמָּךְ, וְעַל־יְרוּשָׁלַיִם עִירָךְ, וְעַל־הַר צִיּוֹן מִשְׁכַּן כְּבוֹדָךְ, וְעַל־מִזְבְּחָךְ וְעַל־הֵיכָלָךְ. וּבְנֵה יְרוּשָׁלַיִם עִיר הַקֹּדֶשׁ בִּמְהֵרָה בְּיָמֵינוּ, וְהַעֲלֵנוּ לְתוֹכָהּ, וְשַׂמְּחֵנוּ בְּבִנְיָנָהּ (בשבת וְנַחֲמֵנוּ בְּיוֹם הַשַּׁבָּת הַזֶּה). וְשַׂמְּחֵנוּ בְּיוֹם חַג־הַמַּצּוֹת הַזֶּה. וּנְבָרֶכְךָ עָלֶיהָ בִּקְדֻשָּׁה וּבְטָהֳרָה כִּי אַתָּה טוֹב וּמֵטִיב לַכֹּל, וְנוֹדֶה לְךָ עַל־הָאָרֶץ וְעַל־פְּרִי הַגֶּפֶן. בָּרוּךְ אַתָּה יְיָ, עַל הָאָרֶץ וְעַל־פְּרִי הַגֶּפֶן:

נִרְצָה

חֲסַל סִדּוּר פֶּסַח כְּהִלְכָתוֹ כְּכָל מִשְׁפָּטוֹ וְחֻקָּתוֹ. כַּאֲשֶׁר זָכִינוּ לְסַדֵּר אוֹתוֹ כֵּן נִזְכֶּה לַעֲשׂוֹתוֹ. זָךְ שׁוֹכֵן מְעוֹנָה. קוֹמֵם קְהַל עֲדַת מִי מָנָה בְּקָרוֹב נַהֵל נִטְעֵי כַנָּה פְּדוּיִם לְצִיּוֹן בְּרִנָּה.

לְשָׁנָה הַבָּאָה בִּירוּשָׁלָיִם!

THE SEPHARDIC FAMILY HAGGADAH

According to Maimonides, ***Barukh ata Adonai Elohenu melekh ha'olam boreh peri Hagefen***

Drink the fourth and last glass of wine while leaning to the left.

בָּרוּךְ Barukh ata Adonai, Elohenu Melekh Aolam, al hagefen ve'al peri hagefen ve'al tenuvat hasadeh ve'al erets chemda tova u'rchava, sheratsita vehinchalta la'avotenu, le'ehol mipirya velisboa mituva. Rachem Adonai Elohenu ve'al Yisrael amakh, ve'al Yerushalayim irakh, ve'al har Tsiyon mishkan kevodakh, ve'al mizbechakh ve'al hechalakh. U'vneh Yerushalayim ir hakodesh bimhera veyamenu, ve'a-alenu letocha vesamechenu bevinyana (on Shabbat: venachamenu beyom HaShabbat hazeh) vesamechenu beyom Chag Hamatsot hazeh. Unvarechecha aleha bikdusha uvtahora ki ata tov umetiv lakol, venodeh lecha al ha'arets ve'al peri hagefen. Barukh ata Adonai, al ha'arets ve'al peri hagefen.

NIRTZA — נִרְצָה

The Order of this evening Seder is now concluded in accordance with all its laws and statutes. As we have carried out the Pesach observance so may we merit to fulfill the Pesach requirements in the future.

Pure One, Who dwells on high, raise up the countless congregations of Israel. In the near future lead the shoots You have planted to Zion, redeemed joyously.

May this evening's service be accepted.

(One cannot eat nor drink except for water or coffee until morning.)

NEXT YEAR IN JERUSALEM!

חַד גַּדְיָא

חַד גַּדְיָא, חַד גַּדְיָא דְּזַבִּין אַבָּא בִּתְרֵי זוּזֵי, חַד גַּדְיָא, חַד גַּדְיָא.

וְאָתָא שׁוּנְרָא, וְאָכְלָה לְגַדְיָא, דְּזַבִּין אַבָּא בִּתְרֵי זוּזֵי, חַד גַּדְיָא, חַד גַּדְיָא.

וְאָתָא כַּלְבָּא, וְנָשַׁךְ לְשׁוּנְרָא, דְּאָכְלָה לְגַדְיָא, דְּזַבִּין אַבָּא בִּתְרֵי זוּזֵי, חַד גַּדְיָא, חַד גַּדְיָא.

וְאָתָא חוּטְרָא, וְהִכָּה לְכַלְבָּא, דְּנָשַׁךְ לְשׁוּנְרָא, דְּאָכְלָה לְגַדְיָא, דְּזַבִּין אַבָּא בִּתְרֵי זוּזֵי, חַד גַּדְיָא, חַד גַּדְיָא.

וְאָתָא נוּרָא, וְשָׂרַף לְחוּטְרָא, דְּהִכָּה לְכַלְבָּא, דְּנָשַׁךְ לְשׁוּנְרָא, דְּאָכְלָה לְגַדְיָא, דְּזַבִּין אַבָּא בִּתְרֵי זוּזֵי, חַד גַּדְיָא, חַד גַּדְיָא.

וְאָתָא מַיָּא, וְכָבָה לְנוּרָא, דְּשָׂרַף לְחוּטְרָא, דְּהִכָּה לְכַלְבָּא, דְּנָשַׁךְ לְשׁוּנְרָא, דְּאָכְלָה לְגַדְיָא, דְּזַבִּין אַבָּא בִּתְרֵי זוּזֵי, חַד גַּדְיָא, חַד גַּדְיָא.

וְאָתָא תוֹרָא, וְשָׁתָא לְמַיָּא, דְּכָבָה לְנוּרָא, דְּשָׂרַף לְחוּטְרָא, דְּהִכָּה לְכַלְבָּא, דְּנָשַׁךְ לְשׁוּנְרָא, דְּאָכְלָה לְגַדְיָא, דְּזַבִּין אַבָּא בִּתְרֵי זוּזֵי, חַד גַּדְיָא, חַד גַּדְיָא.

וְאָתָא הַשּׁוֹחֵט, וְשָׁחַט לְתוֹרָא, דְּשָׁתָא לְמַיָּא, דְּכָבָה לְנוּרָא, דְּשָׂרַף לְחוּטְרָא,דְּהִכָּה לְכַלְבָּא, דְּנָשַׁךְ לְשׁוּנְרָא, דְּאָכְלָה לְגַדְיָא, דְּזַבִּין אַבָּא בִּתְרֵי זוּזֵי, חַד גַּדְיָא, חַד גַּדְיָא.

וְאָתָא מַלְאַךְ הַמָּוֶת, וְשָׁחַט לְשׁוֹחֵט, דְּשָׁחַט לְתוֹרָא, דְּשָׁתָא לְמַיָּא, דְּכָבָה לְנוּרָא, דְּשָׂרַף לְחוּטְרָא,דְּהִכָּה לְכַלְבָּא, דְּנָשַׁךְ לְשׁוּנְרָא, דְּאָכְלָה לְגַדְיָא, דְּזַבִּין אַבָּא בִּתְרֵי זוּזֵי, חַד גַּדְיָא, חַד גַּדְיָא.

וְאָתָא הַקָּדוֹשׁ בָּרוּךְ הוּא, וְשָׁחַט לְמַלְאָךְ הַמָּוֶת, דְּשָׁחַט לְתוֹרָא, דְּשָׁתָא לְמַיָּא, דְּכָבָה לְנוּרָא, דְּשָׂרַף לְחוּטְרָא, דְּהִכָּה לְכַלְבָּא, דְּנָשַׁךְ לְשׁוּנְרָא, דְּאָכְלָה לְגַדְיָא, דְּזַבִּין אַבָּא בִּתְרֵי זוּזֵי, חַד גַּדְיָא, חַד גַּדְיָא.

CHAD GADYA (ONE KID) — חַד גַּדְיָא

Chad gadya, *chad gadya, de'zavin aba bitrei zuzei,*
Chad gadya, chad gadya

Ve'ata shunra *ve'achal le'gadya de'zavin aba bitrei zuzei,*
Chad gadya, chad gadya

Ve'ata kalba *ve'nashakh le'shunra de'achla legadya de'zvin aba bitrei zuzei, Chad gadya, chad gadya*

Ve'ata chutra *ve'hika lekalba de'nashakh le'shunra de'achla legadya de'zavin aba bitrei zuzei, Chad gadya, chad gadya*

Ve'ata nura *ve'saraf le'chutra de'hika lekalba de'nashakh le'shunra de'achla legadya de'zavin aba bitrei zuzei, Chad gadya, chad gadya*

Ve'ata maya *ve'chaba le'nura de'saraf le'chutra de'hika lekalba de'nashakh le'shunra de'achla legdaya de'zavin aba bitrei zuzei,*
Chad gadya, chad gadya

Ve'ata Shora *ve'shata le'maya de'chaba le'nura de'saraf le'chutra de'hika lekalba de'nashakh le'shunra de'achla legadya de'zavin aba bitrei zuzei, Chad gadya, chad gadya*

Ve'ata ha'shochet *ve'shachat le'tora de'shata le'maya de'chaba le'nura de'saraf le'chutra de'hika lekalba de'nashakh le'shunra de'achla legadya dezavin aba bitrei zuzei, Chad gadya, chad gadya*

Ve'ata Malakh *ha'mavet ve'shachat le'shochet de'shachat le'tora de'shata le'maya de'chaba le'nura de'saraf le'chutra de'hika lekalba de'nashakh le'shunra de'achla legadya de'zavin aba bitrei zuzei,*
Chad gadya, chad gadya

Ve'ata Hakadosh Baruch HU*, ve'shachat le'malakh ha'mavet de'shachat le'shochet de'shachat le'tora de'shata le'maya de'chaba le'nura de'saraf le'chutra de'hika lekalba de'nashakh les'hunra de'achla legadya dezavin aba bitrei zuzei, Chad gadya, chad gadya*

כִּי לוֹ נָאֶה, כִּי לוֹ יָאֶה

אַדִּיר בִּמְלוּכָה, בָּחוּר כַּהֲלָכָה, גְּדוּדָיו יֹאמְרוּ לוֹ:
לְךָ וּלְךָ, לְךָ כִּי לְךָ, לְךָ אַף לְךָ, לְךָ יְיָ הַמַּמְלָכָה.
כִּי לוֹ נָאֶה, כִּי לוֹ יָאֶה.

דָּגוּל בִּמְלוּכָה, הָדוּר כַּהֲלָכָה, וָתִיקָיו יֹאמְרוּ לוֹ:
לְךָ וּלְךָ, לְךָ כִּי לְךָ, לְךָ אַף לְךָ, לְךָ יְיָ הַמַּמְלָכָה.
כִּי לוֹ נָאֶה, כִּי לוֹ יָאֶה.

זַכַּאי בִּמְלוּכָה, חָסִין כַּהֲלָכָה, טַפְסְרָיו יֹאמְרוּ לוֹ:
לְךָ וּלְךָ, לְךָ כִּי לְךָ, לְךָ אַף לְךָ, לְךָ יְיָ הַמַּמְלָכָה.
כִּי לוֹ נָאֶה, כִּי לוֹ יָאֶה.

יָחִיד בִּמְלוּכָה, כַּבִּיר כַּהֲלָכָה, לִמּוּדָיו יֹאמְרוּ לוֹ:
לְךָ וּלְךָ, לְךָ כִּי לְךָ, לְךָ אַף לְךָ, לְךָ יְיָ הַמַּמְלָכָה.
כִּי לוֹ נָאֶה, כִּי לוֹ יָאֶה.

מוֹשֵׁל בִּמְלוּכָה, נוֹרָא כַּהֲלָכָה, סְבִיבָיו יֹאמְרוּ לוֹ:
לְךָ וּלְךָ, לְךָ כִּי לְךָ, לְךָ אַף לְךָ, לְךָ יְיָ הַמַּמְלָכָה.
כִּי לוֹ נָאֶה, כִּי לוֹ יָאֶה.

עָנָיו בִּמְלוּכָה, פּוֹדֶה כַּהֲלָכָה, צַדִּיקָיו יֹאמְרוּ לוֹ:
לְךָ וּלְךָ, לְךָ כִּי לְךָ, לְךָ אַף לְךָ, לְךָ יְיָ הַמַּמְלָכָה.
כִּי לוֹ נָאֶה, כִּי לוֹ יָאֶה.

קָדוֹשׁ בִּמְלוּכָה, רַחוּם כַּהֲלָכָה, שִׁנְאַנָּיו יֹאמְרוּ לוֹ:
לְךָ וּלְךָ, לְךָ כִּי לְךָ, לְךָ אַף לְךָ, לְךָ יְיָ הַמַּמְלָכָה.
כִּי לוֹ נָאֶה, כִּי לוֹ יָאֶה.

תַּקִּיף בִּמְלוּכָה, תּוֹמֵךְ כַּהֲלָכָה, תְּמִימָיו יֹאמְרוּ לוֹ:
לְךָ וּלְךָ, לְךָ כִּי לְךָ, לְךָ אַף לְךָ, לְךָ יְיָ הַמַּמְלָכָה.
כִּי לוֹ נָאֶה, כִּי לוֹ יָאֶה.

THE SEPHARDIC FAMILY HAGGADAH

KI LO NA-EH, KI LO YA-EH — כִּי לוֹ נָאֶה

Adir bimluha, bahur ka-a-laha, gedu-dav yomru lo
Leha ulha, leha ki leha, leha af leha, Leha Adonai amamlaha
Ki lo na-eh, ki lo ya-eh, Ki lo na-eh, ki lo ya-eh

Dagul bimluha, adur ka-a-laha, vatikav yomru lo
Leha ulha, leha ki leha, leha af leha, Leha Adonai amamlaha
Ki lo na-eh, ki lo ya-eh, Ki lo na-eh, ki lo ya-eh

Zakai bimluha, hasin ka-a-laha yomru lo
Leha ulha, leha ki leha, leha af leha, Leha Adonai amamlaha
Ki lo na-eh, ki lo ya-eh, Ki lo na-eh, ki lo ya-eh

Yahid bimluha kabir ka-a-laha tafserav yomru lo
Leha ulha, leha ki leha, leha af leha, Leha Adonai amamlaha
Ki lo na-eh, ki lo ya-eh, Ki lo na-eh, ki lo ya-eh

Moshel bimluha nora ka-a-laha sevivav yomru lo
Leha ulha, leha ki leha, leha af leha, Leha Adonai amamlaha
Ki lo na-eh, ki lo ya-eh, Ki lo na-eh, ki lo ya-eh

Anav bimluha podeh ka-a-laha tsadikav yomru lo
Leha ulha, leha ki leha, leha af leha, Leha Adonai amamlaha
Ki lo na-eh, ki lo ya-eh, Ki lo na-eh, ki lo ya-eh

Kadosh bimluha rahum ka-a-laha shinanav yomru lo
Leha ulha, leha ki leha, leha af leha, Leha Adonai amamlaha
Ki lo na-eh, ki lo ya-eh, Ki lo na-eh, ki lo ya-eh

Takif bimluha tomekh ka-a-laha temimav yomru lo
Leha ulha, leha ki leha, leha af leha, Leha Adonai amamlaha
Ki lo na-eh, ki lo ya-eh, Ki lo na-eh, ki lo ya-eh

THE SEPHARDIC FAMILY HAGGADAH

אֶחָד מִי יוֹדֵעַ?

אֶחָד מִי יוֹדֵעַ? אֶחָד אֲנִי יוֹדֵעַ: אֶחָד אֱלֹהֵינוּ שֶׁבַּשָּׁמַיִם וּבָאָרֶץ.

שְׁנַיִם מִי יוֹדֵעַ? שְׁנַיִם אֲנִי יוֹדֵעַ: שְׁנֵי לֻחוֹת הַבְּרִית, אֶחָד אֱלֹהֵינוּ שֶׁבַּשָּׁמַיִם וּבָאָרֶץ.

שְׁלֹשָׁה מִי יוֹדֵעַ? שְׁלֹשָׁה אֲנִי יוֹדֵעַ: שְׁלֹשָׁה אָבוֹת, שְׁנֵי לֻחוֹת הַבְּרִית, אֶחָד אֱלֹהֵינוּ שֶׁבַּשָּׁמַיִם וּבָאָרֶץ.

אַרְבַּע מִי יוֹדֵעַ? אַרְבַּע אֲנִי יוֹדֵעַ: אַרְבַּע אִמָּהוֹת, שְׁלֹשָׁה אָבוֹת, שְׁנֵי לֻחוֹת הַבְּרִית, אֶחָד אֱלֹהֵינוּ שֶׁבַּשָּׁמַיִם וּבָאָרֶץ.

חֲמִשָּׁה מִי יוֹדֵעַ? חֲמִשָּׁה אֲנִי יוֹדֵעַ: חֲמִשָּׁה חוּמְשֵׁי תוֹרָה, אַרְבַּע אִמָּהוֹת, שְׁלֹשָׁה אָבוֹת, שְׁנֵי לֻחוֹת הַבְּרִית, אֶחָד אֱלֹהֵינוּ שֶׁבַּשָּׁמַיִם וּבָאָרֶץ.

שִׁשָּׁה מִי יוֹדֵעַ? שִׁשָּׁה אֲנִי יוֹדֵעַ: שִׁשָּׁה סִדְרֵי מִשְׁנָה, חֲמִשָּׁה חוּמְשֵׁי תוֹרָה, אַרְבַּע אִמָּהוֹת, שְׁלֹשָׁה אָבוֹת, שְׁנֵי לֻחוֹת הַבְּרִית, אֶחָד אֱלֹהֵינוּ שֶׁבַּשָּׁמַיִם וּבָאָרֶץ.

שִׁבְעָה מִי יוֹדֵעַ? שִׁבְעָה אֲנִי יוֹדֵעַ: שִׁבְעָה יְמֵי שַׁבַּתָּא, שִׁשָּׁה סִדְרֵי מִשְׁנָה, חֲמִשָּׁה חוּמְשֵׁי תוֹרָה, אַרְבַּע אִמָּהוֹת, שְׁלֹשָׁה אָבוֹת, שְׁנֵי לֻחוֹת הַבְּרִית, אֶחָד אֱלֹהֵינוּ שֶׁבַּשָּׁמַיִם וּבָאָרֶץ.

שְׁמוֹנָה מִי יוֹדֵעַ? שְׁמוֹנָה אֲנִי יוֹדֵעַ: שְׁמוֹנָה יְמֵי מִילָה, שִׁבְעָה יְמֵי שַׁבַּתָּא, שִׁשָּׁה סִדְרֵי מִשְׁנָה, חֲמִשָּׁה חוּמְשֵׁי תוֹרָה, אַרְבַּע אִמָּהוֹת, שְׁלֹשָׁה אָבוֹת, שְׁנֵי לֻחוֹת הַבְּרִית, אֶחָד אֱלֹהֵינוּ שֶׁבַּשָּׁמַיִם וּבָאָרֶץ.

תִּשְׁעָה מִי יוֹדֵעַ? תִּשְׁעָה אֲנִי יוֹדֵעַ: תִּשְׁעָה יַרְחֵי לֵדָה, שְׁמוֹנָה יְמֵי מִילָה, שִׁבְעָה יְמֵי שַׁבַּתָּא, שִׁשָּׁה סִדְרֵי מִשְׁנָה, חֲמִשָּׁה חוּמְשֵׁי תוֹרָה, אַרְבַּע אִמָּהוֹת, שְׁלֹשָׁה אָבוֹת, שְׁנֵי לֻחוֹת הַבְּרִית, אֶחָד אֱלֹהֵינוּ שֶׁבַּשָּׁמַיִם וּבָאָרֶץ.

עֲשָׂרָה מִי יוֹדֵעַ? עֲשָׂרָה אֲנִי יוֹדֵעַ: עֲשָׂרָה דִבְּרַיָּא, תִּשְׁעָה יַרְחֵי לֵדָה, שְׁמוֹנָה יְמֵי מִילָה, שִׁבְעָה יְמֵי שַׁבַּתָּא, שִׁשָּׁה סִדְרֵי מִשְׁנָה, חֲמִשָּׁה חוּמְשֵׁי תוֹרָה, אַרְבַּע אִמָּהוֹת, שְׁלֹשָׁה אָבוֹת, שְׁנֵי לֻחוֹת הַבְּרִית, אֶחָד אֱלֹהֵינוּ שֶׁבַּשָּׁמַיִם וּבָאָרֶץ.

אַחַד עָשָׂר מִי יוֹדֵעַ? אַחַד עָשָׂר אֲנִי יוֹדֵעַ: אַחַד עָשָׂר כּוֹכְבַיָּא, עֲשָׂרָה דִבְּרַיָּא, תִּשְׁעָה יַרְחֵי לֵדָה, שְׁמוֹנָה יְמֵי מִילָה, שִׁבְעָה יְמֵי שַׁבַּתָּא, שִׁשָּׁה סִדְרֵי מִשְׁנָה, חֲמִשָּׁה חוּמְשֵׁי תוֹרָה, אַרְבַּע אִמָּהוֹת, שְׁלֹשָׁה אָבוֹת, שְׁנֵי לֻחוֹת הַבְּרִית, אֶחָד אֱלֹהֵינוּ שֶׁבַּשָּׁמַיִם וּבָאָרֶץ.

שְׁנֵים עָשָׂר מִי יוֹדֵעַ? שְׁנֵים עָשָׂר אֲנִי יוֹדֵעַ: שְׁנֵים עָשָׂר שִׁבְטַיָּא, אַחַד עָשָׂר כּוֹכְבַיָּא, עֲשָׂרָה דִבְּרַיָּא, תִּשְׁעָה יַרְחֵי לֵדָה, שְׁמוֹנָה יְמֵי מִילָה, שִׁבְעָה יְמֵי שַׁבַּתָּא, שִׁשָּׁה סִדְרֵי מִשְׁנָה, חֲמִשָּׁה חוּמְשֵׁי תוֹרָה, אַרְבַּע אִמָּהוֹת, שְׁלֹשָׁה אָבוֹת, שְׁנֵי לֻחוֹת הַבְּרִית, אֶחָד אֱלֹהֵינוּ שֶׁבַּשָּׁמַיִם וּבָאָרֶץ.

שְׁלֹשָׁה עָשָׂר מִי יוֹדֵעַ? שְׁלֹשָׁה עָשָׂר אֲנִי יוֹדֵעַ: שְׁלֹשָׁה עָשָׂר מִדַּיָּא, שְׁנֵים עָשָׂר שִׁבְטַיָּא, אַחַד עָשָׂר כּוֹכְבַיָּא, עֲשָׂרָה דִבְּרַיָּא, תִּשְׁעָה יַרְחֵי לֵדָה, שְׁמוֹנָה יְמֵי מִילָה, שִׁבְעָה יְמֵי שַׁבַּתָּא, שִׁשָּׁה סִדְרֵי מִשְׁנָה, חֲמִשָּׁה חוּמְשֵׁי תוֹרָה, אַרְבַּע אִמָּהוֹת, שְׁלֹשָׁה אָבוֹת, שְׁנֵי לֻחוֹת הַבְּרִית, אֶחָד אֱלֹהֵינוּ שֶׁבַּשָּׁמַיִם וּבָאָרֶץ.

שִׁיר הַשִּׁירִים

לְשֵׁם יִחוּד קוּדְשָׁא בְּרִיךְ הוּא וּשְׁכִנְתֵּיהּ בִּדְחִילוּ וּרְחִימוּ וּרְחִימוּ וּדְחִילוּ לְיַחֲדָא שֵׁם יוֹד הֵ"א בְּוָאו הֵ"א בְּיִחוּדָה שְׁלִים בְּשֵׁם כָּל־יִשְׂרָאֵל. הִנֵּה אֲנַחְנוּ בָּאִים לְשׁוֹרֵר בְּקוֹל נָעִים שִׁיר הַשִּׁירִים קֹדֶשׁ קָדָשִׁים, לְעוֹרֵר חֲבַצֶּלֶת הַשָּׁרוֹן, לָשִׁיר בְּקוֹל נָעִים גִּילָה וְרַנֵּן כְּבוֹד הַלְּבָנוֹן, וּלְחַבֵּר אֵשֶׁת נְעוּרִים עִם דּוֹדָהּ, בְּאַהֲבָה וְאַחֲוָה וּרְעוּתָא וְחֶדְוָתָא דְלִבָּא, שָׂשׂוֹן וְשִׂמְחָה יִמָּצֵא בָהּ, תּוֹדָה וְקוֹל זִמְרָה. וְיַעֲלֶה לְפָנֶיךָ קְרִיאַת שִׁיר הַשִּׁירִים, כְּאִלּוּ אֲמָרוֹ שְׁלֹמֹה בְּעַצְמוֹ, וּכְאִלּוּ הִשַּׂגְנוּ כָּל־הַסּוֹדוֹת הַחֲתוּמִים בּוֹ. וִיהִי נֹעַם יְיָ אֱלֹהֵינוּ עָלֵינוּ, וּמַעֲשֵׂה יָדֵינוּ כּוֹנְנָה עָלֵינוּ, וּמַעֲשֵׂה יָדֵינוּ כּוֹנְנֵהוּ. [יִהְיוּ־לְרָצוֹן אִמְרֵי־פִי וְהֶגְיוֹן לִבִּי לְפָנֶיךָ, יְיָ צוּרִי וְגֹאֲלִי.]

(All join in for the next פָּסוּק)

יוֹנָתִי בְּחַגְוֵי הַסֶּלַע בְּסֵתֶר הַמַּדְרֵגָה הַרְאִינִי אֶת־מַרְאַיִךְ הַשְׁמִיעִינִי אֶת־קוֹלֵךְ כִּי־קוֹלֵךְ עָרֵב וּמַרְאֵיךְ נָאוֶה׃

פרק א

שִׁיר הַשִּׁירִים אֲשֶׁר לִשְׁלֹמֹה׃ יִשָּׁקֵנִי מִנְּשִׁיקוֹת פִּיהוּ כִּי־טוֹבִים דֹּדֶיךָ מִיָּיִן׃ לְרֵיחַ שְׁמָנֶיךָ טוֹבִים שֶׁמֶן תּוּרַק שְׁמֶךָ עַל־כֵּן עֲלָמוֹת אֲהֵבוּךָ׃ מָשְׁכֵנִי אַחֲרֶיךָ נָּרוּצָה הֱבִיאַנִי הַמֶּלֶךְ חֲדָרָיו נָגִילָה וְנִשְׂמְחָה בָּךְ נַזְכִּירָה דֹדֶיךָ מִיַּיִן מֵישָׁרִים אֲהֵבוּךָ׃ שְׁחוֹרָה אֲנִי וְנָאוָה בְּנוֹת יְרוּשָׁלִָם כְּאָהֳלֵי קֵדָר כִּירִיעוֹת שְׁלֹמֹה׃ אַל־תִּרְאוּנִי שֶׁאֲנִי שְׁחַרְחֹרֶת שֶׁשְּׁזָפַתְנִי הַשָּׁמֶשׁ בְּנֵי אִמִּי נִחֲרוּ־בִי שָׂמֻנִי נֹטֵרָה אֶת־הַכְּרָמִים כַּרְמִי שֶׁלִּי לֹא נָטָרְתִּי׃ הַגִּידָה לִּי שֶׁאָהֲבָה נַפְשִׁי אֵיכָה תִרְעֶה אֵיכָה תַּרְבִּיץ בַּצָּהֳרָיִם שַׁלָּמָה אֶהְיֶה כְּעֹטְיָה עַל עֶדְרֵי

חֲבֵרֶיךָ: אִם־לֹא תֵדְעִי לָךְ הַיָּפָה בַּנָּשִׁים צְאִי־לָךְ בְּעִקְבֵי הַצֹּאן וּרְעִי אֶת־גְּדִיֹּתַיִךְ עַל מִשְׁכְּנוֹת הָרֹעִים: לְסֻסָתִי בְּרִכְבֵי פַרְעֹה דִּמִּיתִיךְ רַעְיָתִי: נָאווּ לְחָיַיִךְ בַּתֹּרִים צַוָּארֵךְ בַּחֲרוּזִים: תּוֹרֵי זָהָב נַעֲשֶׂה־לָּךְ עִם נְקֻדּוֹת הַכָּסֶף: עַד־שֶׁהַמֶּלֶךְ בִּמְסִבּוֹ נִרְדִּי נָתַן רֵיחוֹ: צְרוֹר הַמֹּר | דּוֹדִי לִי בֵּין שָׁדַי יָלִין: אֶשְׁכֹּל הַכֹּפֶר | דּוֹדִי לִי בְּכַרְמֵי עֵין גֶּדִי: הִנָּךְ יָפָה רַעְיָתִי הִנָּךְ יָפָה עֵינַיִךְ יוֹנִים: הִנְּךָ יָפֶה דוֹדִי אַף נָעִים אַף־עַרְשֵׂנוּ רַעֲנָנָה: קֹרוֹת בָּתֵּינוּ אֲרָזִים רַהִיטֵנוּ בְּרוֹתִים:

פרק ב

אֲנִי חֲבַצֶּלֶת הַשָּׁרוֹן שׁוֹשַׁנַּת הָעֲמָקִים: כְּשׁוֹשַׁנָּה בֵּין הַחוֹחִים כֵּן רַעְיָתִי בֵּין הַבָּנוֹת: כְּתַפּוּחַ בַּעֲצֵי הַיַּעַר כֵּן דּוֹדִי בֵּין הַבָּנִים בְּצִלּוֹ חִמַּדְתִּי וְיָשַׁבְתִּי וּפִרְיוֹ מָתוֹק לְחִכִּי: הֱבִיאַנִי אֶל־בֵּית הַיָּיִן וְדִגְלוֹ עָלַי אַהֲבָה: סַמְּכוּנִי בָּאֲשִׁישׁוֹת רַפְּדוּנִי בַּתַּפּוּחִים כִּי־חוֹלַת אַהֲבָה אָנִי: שְׂמֹאלוֹ תַּחַת לְרֹאשִׁי וִימִינוֹ תְּחַבְּקֵנִי: הִשְׁבַּעְתִּי אֶתְכֶם בְּנוֹת יְרוּשָׁלִַם בִּצְבָאוֹת אוֹ בְּאַיְלוֹת הַשָּׂדֶה אִם־תָּעִירוּ | וְאִם־תְּעוֹרְרוּ אֶת־הָאַהֲבָה עַד שֶׁתֶּחְפָּץ: קוֹל דּוֹדִי הִנֵּה־זֶה בָּא מְדַלֵּג עַל־הֶהָרִים מְקַפֵּץ עַל־הַגְּבָעוֹת: דּוֹמֶה דוֹדִי לִצְבִי אוֹ לְעֹפֶר הָאַיָּלִים הִנֵּה־זֶה עוֹמֵד אַחַר כָּתְלֵנוּ מַשְׁגִּיחַ מִן־הַחַלֹּנוֹת מֵצִיץ מִן־הַחֲרַכִּים: עָנָה דוֹדִי וְאָמַר לִי קוּמִי לָךְ רַעְיָתִי יָפָתִי וּלְכִי־לָךְ: כִּי־הִנֵּה הַסְּתָיו עָבָר הַגֶּשֶׁם חָלַף הָלַךְ לוֹ: הַנִּצָּנִים נִרְאוּ בָאָרֶץ עֵת הַזָּמִיר הִגִּיעַ וְקוֹל הַתּוֹר נִשְׁמַע בְּאַרְצֵנוּ: הַתְּאֵנָה חָנְטָה פַגֶּיהָ וְהַגְּפָנִים | סְמָדַר נָתְנוּ רֵיחַ קוּמִי לָךְ רַעְיָתִי יָפָתִי וּלְכִי־לָךְ: יוֹנָתִי בְּחַגְוֵי הַסֶּלַע בְּסֵתֶר הַמַּדְרֵגָה הַרְאִינִי אֶת־מַרְאַיִךְ הַשְׁמִיעִינִי אֶת־קוֹלֵךְ כִּי־קוֹלֵךְ עָרֵב וּמַרְאֵיךְ נָאוֶה: אֶחֱזוּ־לָנוּ שׁוּעָלִים שׁוּעָלִים קְטַנִּים מְחַבְּלִים כְּרָמִים וּכְרָמֵינוּ סְמָדַר: דּוֹדִי לִי וַאֲנִי לוֹ הָרֹעֶה בַּשּׁוֹשַׁנִּים: עַד שֶׁיָּפוּחַ הַיּוֹם וְנָסוּ הַצְּלָלִים סֹב דְּמֵה־לְךָ דוֹדִי לִצְבִי אוֹ לְעֹפֶר הָאַיָּלִים עַל־הָרֵי בָתֶר:

פרק ג

עַל־מִשְׁכָּבִי בַּלֵּילוֹת בִּקַּשְׁתִּי אֵת שֶׁאָהֲבָה נַפְשִׁי בִּקַּשְׁתִּיו וְלֹא
מְצָאתִיו׃ אָקוּמָה נָּא וַאֲסוֹבְבָה בָעִיר בַּשְּׁוָקִים וּבָרְחֹבוֹת
אֲבַקְשָׁה אֵת שֶׁאָהֲבָה נַפְשִׁי בִּקַּשְׁתִּיו וְלֹא מְצָאתִיו׃ מְצָאוּנִי
הַשֹּׁמְרִים הַסֹּבְבִים בָּעִיר אֵת שֶׁאָהֲבָה נַפְשִׁי רְאִיתֶם׃ כִּמְעַט
שֶׁעָבַרְתִּי מֵהֶם עַד שֶׁמָּצָאתִי אֵת שֶׁאָהֲבָה נַפְשִׁי אֲחַזְתִּיו וְלֹא
אַרְפֶּנּוּ עַד־שֶׁהֲבֵיאתִיו אֶל־בֵּית אִמִּי וְאֶל־חֶדֶר הוֹרָתִי׃ הִשְׁבַּעְתִּי
אֶתְכֶם בְּנוֹת יְרוּשָׁלִַם בִּצְבָאוֹת אוֹ בְּאַיְלוֹת הַשָּׂדֶה אִם־תָּעִירוּ ׀
וְאִם־תְּעוֹרְרוּ אֶת־הָאַהֲבָה עַד שֶׁתֶּחְפָּץ׃ מִי זֹאת עֹלָה מִן־הַמִּדְבָּר
כְּתִימֲרוֹת עָשָׁן מְקֻטֶּרֶת מוֹר וּלְבוֹנָה מִכֹּל אַבְקַת רוֹכֵל׃ הִנֵּה
מִטָּתוֹ שֶׁלִּשְׁלֹמֹה שִׁשִּׁים גִּבֹּרִים סָבִיב לָהּ מִגִּבֹּרֵי יִשְׂרָאֵל׃ כֻּלָּם
אֲחֻזֵי חֶרֶב מְלֻמְּדֵי מִלְחָמָה אִישׁ חַרְבּוֹ עַל־יְרֵכוֹ מִפַּחַד בַּלֵּילוֹת׃
אַפִּרְיוֹן עָשָׂה לוֹ הַמֶּלֶךְ שְׁלֹמֹה מֵעֲצֵי הַלְּבָנוֹן׃ עַמּוּדָיו עָשָׂה
כֶסֶף רְפִידָתוֹ זָהָב מֶרְכָּבוֹ אַרְגָּמָן תּוֹכוֹ רָצוּף אַהֲבָה מִבְּנוֹת
יְרוּשָׁלִָם׃ צְאֶינָה ׀ וּרְאֶינָה בְּנוֹת צִיּוֹן בַּמֶּלֶךְ שְׁלֹמֹה בָּעֲטָרָה
שֶׁעִטְּרָה־לּוֹ אִמּוֹ בְּיוֹם חֲתֻנָּתוֹ וּבְיוֹם שִׂמְחַת לִבּוֹ׃

פרק ד

הִנָּךְ יָפָה רַעְיָתִי הִנָּךְ יָפָה עֵינַיִךְ יוֹנִים מִבַּעַד לְצַמָּתֵךְ שַׂעְרֵךְ
כְּעֵדֶר הָעִזִּים שֶׁגָּלְשׁוּ מֵהַר גִּלְעָד׃ שִׁנַּיִךְ כְּעֵדֶר הַקְּצוּבוֹת שֶׁעָלוּ
מִן־הָרַחְצָה שֶׁכֻּלָּם מַתְאִימוֹת וְשַׁכֻּלָה אֵין בָּהֶם׃ כְּחוּט הַשָּׁנִי
שִׂפְתֹתַיִךְ וּמִדְבָּרֵיךְ נָאוֶה כְּפֶלַח הָרִמּוֹן רַקָּתֵךְ מִבַּעַד לְצַמָּתֵךְ׃
כְּמִגְדַּל דָּוִיד צַוָּארֵךְ בָּנוּי לְתַלְפִּיּוֹת אֶלֶף הַמָּגֵן תָּלוּי עָלָיו כֹּל
שִׁלְטֵי הַגִּבּוֹרִים׃ שְׁנֵי שָׁדַיִךְ כִּשְׁנֵי עֳפָרִים תְּאוֹמֵי צְבִיָּה הָרוֹעִים
בַּשּׁוֹשַׁנִּים׃ עַד שֶׁיָּפוּחַ הַיּוֹם וְנָסוּ הַצְּלָלִים אֵלֶךְ לִי אֶל־הַר הַמּוֹר
וְאֶל־גִּבְעַת הַלְּבוֹנָה׃ כֻּלָּךְ יָפָה רַעְיָתִי וּמוּם אֵין בָּךְ׃ אִתִּי מִלְּבָנוֹן
כַּלָּה אִתִּי מִלְּבָנוֹן תָּבוֹאִי תָּשׁוּרִי ׀ מֵרֹאשׁ אֲמָנָה מֵרֹאשׁ שְׂנִיר
וְחֶרְמוֹן מִמְּעֹנוֹת אֲרָיוֹת מֵהַרְרֵי נְמֵרִים׃ לִבַּבְתִּנִי אֲחֹתִי כַלָּה
לִבַּבְתִּינִי בְּאַחַת מֵעֵינַיִךְ בְּאַחַד עֲנָק מִצַּוְּרֹנָיִךְ׃ מַה־יָּפוּ דֹדַיִךְ אֲחֹתִי

כַּלָּ֑ה מַה־טֹּ֤בוּ דֹדַ֙יִךְ֙ מִיַּ֔יִן וְרֵ֥יחַ שְׁמָנַ֖יִךְ מִכָּל־בְּשָׂמִֽים׃ נֹ֛פֶת תִּטֹּ֥פְנָה
שִׂפְתוֹתַ֖יִךְ כַּלָּ֑ה דְּבַ֤שׁ וְחָלָב֙ תַּ֣חַת לְשׁוֹנֵ֔ךְ וְרֵ֥יחַ שַׂלְמֹתַ֖יִךְ כְּרֵ֥יחַ
לְבָנֽוֹן׃ גַּ֥ן ׀ נָע֖וּל אֲחֹתִ֣י כַלָּ֑ה גַּ֥ל נָע֖וּל מַעְיָ֥ן חָתֽוּם׃ שְׁלָחַ֙יִךְ֙ פַּרְדֵּ֣ס
רִמּוֹנִ֔ים עִ֖ם פְּרִ֣י מְגָדִ֑ים כְּפָרִ֖ים עִם־נְרָדִֽים׃ נֵ֣רְדְּ ׀ וְכַרְכֹּ֗ם קָנֶה֙ וְקִנָּמ֔וֹן
עִ֖ם כָּל־עֲצֵ֣י לְבוֹנָ֑ה מֹ֚ר וַאֲהָל֔וֹת עִ֖ם כָּל־רָאשֵׁ֥י בְשָׂמִֽים׃ מַעְיַ֣ן גַּנִּ֔ים
בְּאֵ֖ר מַ֣יִם חַיִּ֑ים וְנֹזְלִ֖ים מִן־לְבָנֽוֹן׃ ע֤וּרִי צָפוֹן֙ וּב֣וֹאִי תֵימָ֔ן הָפִ֥יחִי
גַנִּ֖י יִזְּל֣וּ בְשָׂמָ֑יו יָבֹ֤א דוֹדִי֙ לְגַנּ֔וֹ וְיֹאכַ֖ל פְּרִ֥י מְגָדָֽיו׃

פרק ה

בָּ֣אתִי לְגַנִּי֮ אֲחֹתִ֣י כַלָּה֒ אָרִ֤יתִי מוֹרִי֙ עִם־בְּשָׂמִ֔י אָכַ֤לְתִּי יַעְרִי֙ עִם־
דִּבְשִׁ֔י שָׁתִ֥יתִי יֵינִ֖י עִם־חֲלָבִ֑י אִכְל֣וּ רֵעִ֔ים שְׁת֥וּ וְשִׁכְר֖וּ דּוֹדִֽים׃ אֲנִ֥י
יְשֵׁנָ֖ה וְלִבִּ֣י עֵ֑ר ק֣וֹל ׀ דּוֹדִ֣י דוֹפֵ֗ק פִּתְחִי־לִ֞י אֲחֹתִ֤י רַעְיָתִי֙ יוֹנָתִ֣י
תַמָּתִ֔י שֶׁרֹּאשִׁי֙ נִמְלָא־טָ֔ל קְוֻצּוֹתַ֖י רְסִ֥יסֵי לָֽיְלָה׃ פָּשַׁ֙טְתִּי֙ אֶת־כֻּתָּנְתִּ֔י
אֵיכָ֖כָה אֶלְבָּשֶׁ֑נָּה רָחַ֥צְתִּי אֶת־רַגְלַ֖י אֵיכָ֥כָה אֲטַנְּפֵֽם׃ דּוֹדִ֗י שָׁלַ֤ח יָדוֹ֙
מִן־הַחֹ֔ר וּמֵעַ֖י הָמ֥וּ עָלָֽיו׃ קַ֥מְתִּֽי אֲנִ֖י לִפְתֹּ֣חַ לְדוֹדִ֑י וְיָדַ֣י נָֽטְפוּ־מ֗וֹר
וְאֶצְבְּעֹתַי֙ מ֣וֹר עֹבֵ֔ר עַ֖ל כַּפּ֥וֹת הַמַּנְעֽוּל׃ פָּתַ֤חְתִּֽי אֲנִי֙ לְדוֹדִ֔י וְדוֹדִ֖י
חָמַ֣ק עָבָ֑ר נַפְשִׁי֙ יָֽצְאָ֣ה בְדַבְּר֔וֹ בִּקַּשְׁתִּ֙יהוּ֙ וְלֹ֣א מְצָאתִ֔יהוּ קְרָאתִ֖יו
וְלֹ֥א עָנָֽנִי׃ מְצָאֻ֤נִי הַשֹּֽׁמְרִים֙ הַסֹּבְבִ֣ים בָּעִ֔יר הִכּ֖וּנִי פְצָע֑וּנִי נָשְׂא֤וּ
אֶת־רְדִידִי֙ מֵעָלַ֔י שֹׁמְרֵ֖י הַחֹמֽוֹת׃ הִשְׁבַּ֥עְתִּי אֶתְכֶ֖ם בְּנ֣וֹת יְרוּשָׁלִָ֑ם
אִֽם־תִּמְצְאוּ֙ אֶת־דּוֹדִ֔י מַה־תַּגִּ֣ידוּ ל֔וֹ שֶׁחוֹלַ֥ת אַהֲבָ֖ה אָֽנִי׃ מַה־דּוֹדֵ֣ךְ
מִדּ֔וֹד הַיָּפָ֖ה בַּנָּשִׁ֑ים מַה־דּוֹדֵ֣ךְ מִדּ֔וֹד שֶׁכָּ֖כָה הִשְׁבַּעְתָּֽנוּ׃ דּוֹדִ֥י צַח֙
וְאָד֔וֹם דָּג֖וּל מֵרְבָבָֽה׃ רֹאשׁ֖וֹ כֶּ֣תֶם פָּ֑ז קְוּצּוֹתָיו֙ תַּלְתַּלִּ֔ים שְׁחֹר֖וֹת
כָּעוֹרֵֽב׃ עֵינָ֕יו כְּיוֹנִ֖ים עַל־אֲפִ֣יקֵי מָ֑יִם רֹֽחֲצוֹת֙ בֶּֽחָלָ֔ב יֹשְׁב֖וֹת
עַל־מִלֵּֽאת׃ לְחָיָו֙ כַּעֲרוּגַ֣ת הַבֹּ֔שֶׂם מִגְדְּל֖וֹת מֶרְקָחִ֑ים שִׂפְתוֹתָיו֙
שֽׁוֹשַׁנִּ֔ים נֹטְפ֖וֹת מ֥וֹר עֹבֵֽר׃ יָדָיו֙ גְּלִילֵ֣י זָהָ֔ב מְמֻלָּאִ֖ים בַּתַּרְשִׁ֑ישׁ
מֵעָיו֙ עֶ֣שֶׁת שֵׁ֔ן מְעֻלֶּ֖פֶת סַפִּירִֽים׃ שׁוֹקָיו֙ עַמּ֣וּדֵי שֵׁ֔שׁ מְיֻסָּדִ֖ים
עַל־אַדְנֵי־פָ֑ז מַרְאֵ֙הוּ֙ כַּלְּבָנ֔וֹן בָּח֖וּר כָּאֲרָזִֽים׃ חִכּוֹ֙ מַֽמְתַקִּ֔ים וְכֻלּ֖וֹ
מַחֲמַדִּ֑ים זֶ֤ה דוֹדִי֙ וְזֶ֣ה רֵעִ֔י בְּנ֖וֹת יְרוּשָׁלִָֽם׃

פרק ו

אָנָה הָלַךְ דּוֹדֵךְ הַיָּפָה בַּנָּשִׁים אָנָה פָּנָה דוֹדֵךְ וּנְבַקְשֶׁנּוּ עִמָּךְ: דּוֹדִי֙ יָרַד לְגַנּוֹ לַעֲרֻגוֹת הַבֹּשֶׂם לִרְעוֹת֙ בַּגַּנִּים וְלִלְקֹט שׁוֹשַׁנִּים: אֲנִי לְדוֹדִי֙ וְדוֹדִי לִי הָרֹעֶה בַּשּׁוֹשַׁנִּים: יָפָה אַתְּ רַעְיָתִי֙ כְּתִרְצָה נָאוָה כִּירוּשָׁלִָם אֲיֻמָּה כַּנִּדְגָּלוֹת: הָסֵבִּי עֵינַיִךְ֙ מִנֶּגְדִּי֙ שֶׁהֵם הִרְהִיבֻנִי שַׂעְרֵךְ֙ כְּעֵדֶר הָעִזִּים שֶׁגָּלְשׁוּ מִן־הַגִּלְעָד: שִׁנַּיִךְ֙ כְּעֵדֶר הָרְחֵלִים שֶׁעָלוּ מִן־הָרַחְצָה שֶׁכֻּלָּם֙ מַתְאִימוֹת וְשַׁכֻּלָה אֵין בָּהֶם: כְּפֶלַח הָרִמּוֹן֙ רַקָּתֵךְ מִבַּעַד לְצַמָּתֵךְ: שִׁשִּׁים הֵמָּה֙ מְלָכוֹת וּשְׁמֹנִים פִּילַגְשִׁים וַעֲלָמוֹת אֵין מִסְפָּר: אַחַת הִיא֙ יוֹנָתִי תַמָּתִי אַחַת הִיא֙ לְאִמָּהּ בָּרָה הִיא לְיוֹלַדְתָּהּ רָאוּהָ בָנוֹת֙ וַיְאַשְּׁרוּהָ מְלָכוֹת וּפִילַגְשִׁים וַיְהַלְלוּהָ: מִי־זֹאת הַנִּשְׁקָפָה כְּמוֹ־שָׁחַר יָפָה כַלְּבָנָה בָּרָה֙ כַּחַמָּה אֲיֻמָּה כַּנִּדְגָּלוֹת: אֶל־גִּנַּת אֱגוֹז֙ יָרַדְתִּי לִרְאוֹת בְּאִבֵּי הַנָּחַל לִרְאוֹת֙ הֲפָרְחָה הַגֶּפֶן הֵנֵצוּ הָרִמֹּנִים: לֹא יָדַעְתִּי נַפְשִׁי שָׂמַתְנִי מַרְכְּבוֹת עַמִּי־נָדִיב:

פרק ז

שׁוּבִי שׁוּבִי֙ הַשּׁוּלַמִּית שׁוּבִי שׁוּבִי וְנֶחֱזֶה־בָּךְ מַה־תֶּחֱזוּ֙ בַּשּׁוּלַמִּית כִּמְחֹלַת הַמַּחֲנָיִם: מַה־יָּפוּ פְעָמַיִךְ בַּנְּעָלִים בַּת־נָדִיב חַמּוּקֵי יְרֵכַיִךְ כְּמוֹ חֲלָאִים מַעֲשֵׂה יְדֵי אָמָּן: שָׁרְרֵךְ֙ אַגַּן הַסַּהַר אַל־יֶחְסַר הַמָּזֶג בִּטְנֵךְ֙ עֲרֵמַת חִטִּים סוּגָה בַּשּׁוֹשַׁנִּים: שְׁנֵי שָׁדַיִךְ כִּשְׁנֵי עֳפָרִים תָּאֳמֵי צְבִיָּה: צַוָּארֵךְ כְּמִגְדַּל הַשֵּׁן עֵינַיִךְ בְּרֵכוֹת בְּחֶשְׁבּוֹן עַל־שַׁעַר֙ בַּת־רַבִּים אַפֵּךְ֙ כְּמִגְדַּל הַלְּבָנוֹן צוֹפֶה פְּנֵי דַמָּשֶׂק: רֹאשֵׁךְ עָלַיִךְ֙ כַּכַּרְמֶל וְדַלַּת רֹאשֵׁךְ כָּאַרְגָּמָן מֶלֶךְ אָסוּר בָּרְהָטִים: מַה־יָּפִית֙ וּמַה־נָּעַמְתְּ אַהֲבָה בַּתַּעֲנוּגִים: זֹאת קוֹמָתֵךְ֙ דָּמְתָה לְתָמָר וְשָׁדַיִךְ לְאַשְׁכֹּלוֹת: אָמַרְתִּי֙ אֶעֱלֶה בְתָמָר אֹחֲזָה בְּסַנְסִנָּיו וְיִהְיוּ־נָא שָׁדַיִךְ֙ כְּאֶשְׁכְּלוֹת הַגֶּפֶן וְרֵיחַ אַפֵּךְ כַּתַּפּוּחִים: וְחִכֵּךְ כְּיֵין הַטּוֹב הוֹלֵךְ לְדוֹדִי לְמֵישָׁרִים דּוֹבֵב שִׂפְתֵי יְשֵׁנִים: אֲנִי לְדוֹדִי וְעָלַי תְּשׁוּקָתוֹ:

לְכָה דוֹדִי נֵצֵא הַשָּׂדֶה נָלִינָה בַּכְּפָרִים׃ נַשְׁכִּימָה לַכְּרָמִים נִרְאֶה אִם פָּרְחָה הַגֶּפֶן פִּתַּח הַסְּמָדַר הֵנֵצוּ הָרִמּוֹנִים שָׁם אֶתֵּן אֶת־דֹּדַי לָךְ׃ הַדּוּדָאִים נָתְנוּ־רֵיחַ וְעַל־פְּתָחֵינוּ כָּל־מְגָדִים חֲדָשִׁים גַּם־יְשָׁנִים דּוֹדִי צָפַנְתִּי לָךְ׃

פרק ח

מִי יִתֶּנְךָ כְּאָח לִי יוֹנֵק שְׁדֵי אִמִּי אֶמְצָאֲךָ בַחוּץ אֶשָּׁקְךָ גַּם לֹא־יָבוּזוּ לִי׃ אֶנְהָגְךָ אֲבִיאֲךָ אֶל־בֵּית אִמִּי תְּלַמְּדֵנִי אַשְׁקְךָ מִיַּיִן הָרֶקַח מֵעֲסִיס רִמֹּנִי׃ שְׂמֹאלוֹ תַּחַת רֹאשִׁי וִימִינוֹ תְּחַבְּקֵנִי׃ הִשְׁבַּעְתִּי אֶתְכֶם בְּנוֹת יְרוּשָׁלִָם מַה־תָּעִירוּ ׀ וּמַה־תְּעֹרְרוּ אֶת־הָאַהֲבָה עַד שֶׁתֶּחְפָּץ׃ מִי זֹאת עֹלָה מִן־הַמִּדְבָּר מִתְרַפֶּקֶת עַל־דּוֹדָהּ תַּחַת הַתַּפּוּחַ עוֹרַרְתִּיךָ שָׁמָּה חִבְּלַתְךָ אִמֶּךָ שָׁמָּה חִבְּלָה יְלָדַתְךָ׃ שִׂימֵנִי כַחוֹתָם עַל־לִבֶּךָ כַּחוֹתָם עַל־זְרוֹעֶךָ כִּי־עַזָּה כַמָּוֶת אַהֲבָה קָשָׁה כִשְׁאוֹל קִנְאָה רְשָׁפֶיהָ רִשְׁפֵּי אֵשׁ שַׁלְהֶבֶתְיָה׃ מַיִם רַבִּים לֹא יוּכְלוּ לְכַבּוֹת אֶת־הָאַהֲבָה וּנְהָרוֹת לֹא יִשְׁטְפוּהָ אִם־יִתֵּן אִישׁ אֶת־כָּל־הוֹן בֵּיתוֹ בָּאַהֲבָה בּוֹז יָבוּזוּ לוֹ׃ אָחוֹת לָנוּ קְטַנָּה וְשָׁדַיִם אֵין לָהּ מַה־נַּעֲשֶׂה לַאֲחֹתֵנוּ בַּיּוֹם שֶׁיְּדֻבַּר־בָּהּ׃ אִם־חוֹמָה הִיא נִבְנֶה עָלֶיהָ טִירַת כָּסֶף וְאִם־דֶּלֶת הִיא נָצוּר עָלֶיהָ לוּחַ אָרֶז׃ אֲנִי חוֹמָה וְשָׁדַי כַּמִּגְדָּלוֹת אָז הָיִיתִי בְעֵינָיו כְּמוֹצְאֵת שָׁלוֹם׃ כֶּרֶם הָיָה לִשְׁלֹמֹה בְּבַעַל הָמוֹן נָתַן אֶת־הַכֶּרֶם לַנֹּטְרִים אִישׁ יָבִא בְּפִרְיוֹ אֶלֶף כָּסֶף׃ כַּרְמִי שֶׁלִּי לְפָנָי הָאֶלֶף לְךָ שְׁלֹמֹה וּמָאתַיִם לְנֹטְרִים אֶת־פִּרְיוֹ׃ הַיּוֹשֶׁבֶת בַּגַּנִּים חֲבֵרִים מַקְשִׁיבִים לְקוֹלֵךְ הַשְׁמִיעִינִי׃ בְּרַח ׀ דּוֹדִי וּדְמֵה־לְךָ לִצְבִי אוֹ לְעֹפֶר הָאַיָּלִים עַל הָרֵי בְשָׂמִים׃ (הַיּוֹשֶׁבֶת בַּגַּנִּים חֲבֵרִים מַקְשִׁיבִים לְקוֹלֵךְ הַשְׁמִיעִינִי׃)

25765994R00068

Made in the USA
Middletown, DE
03 March 2023